GARCH类模型的统计推断

基于高频数据

邓春亮　张兴发　李　元◎主编

暨南大學出版社
JINAN UNIVERSITY PRESS

中国·广州

图书在版编目（CIP）数据

GARCH 类模型的统计推断 ：基于高频数据 / 邓春亮，张兴发，李元主编. -- 广州 ：暨南大学出版社，2025. 3. -- ISBN 978-7-5668-4042-4

Ⅰ. F830.41

中国国家版本馆 CIP 数据核字第 2024D8R406 号

GARCH 类模型的统计推断：基于高频数据

GARCH LEI MOXING DE TONGJI TUIDUAN：JIYU GAOPIN SHUJU

主　编：邓春亮　张兴发　李　元

出 版 人：阳　翼
责任编辑：颜　彦
责任校对：林　琼
责任印制：周一丹　郑玉婷

出版发行：暨南大学出版社（511434）
电　　话：总编室（8620）31105261
营销部（8620）37331682　37331689
传　　真：（8620）31105289（办公室）　37331684（营销部）
网　　址：http：//www. jnupress. com
排　　版：广州尚文数码科技有限公司
印　　刷：广州市友盛彩印有限公司
开　　本：787mm×1092mm　1/16
印　　张：10. 25
字　　数：195 千
版　　次：2025 年 3 月第 1 版
印　　次：2025 年 3 月第 1 次
定　　价：49. 80 元

前言

在当今复杂多变的金融市场中，波动性的建模与预测一直是金融时间序列领域的核心课题. 随着信息技术的迅猛发展，高频数据的获取变得日益便捷，这为金融市场的波动性研究提供了更为丰富的信息来源. 然而，高频数据的特性使得传统的金融波动率模型在应用中面临诸多挑战，这也催生了新的模型与方法. 在此背景下，基于高频数据的 GARCH 类模型的研究逐渐成为金融时间序列分析领域中的热门课题之一.

金融高频数据的研究最早可以追溯到20 世纪80 年代. 高频数据伴随着市场微观结构噪声是波动率建模中最大的挑战，高频数据呈现出的不规则特性，使得传统的 GARCH 模型无法直接用于建模. 直至 2011 年，Hansen 和 Visser 分别通过将日内已实现的波动测量与传统的 GARCH 模型结合起来，实现了基于高频数据的 GARCH 建模，提高了传统日频 GARCH 模型的估计效率和预测精度. GARCH 模型作为波动率建模中应用最广泛的一类模型，具有许多优点. 然而，基于高频数据的 GARCH 类模型的研究仍然有许多问题亟待解决，比如日内高频数据如何利用? 如何对模型进行估计? 如何确定最优抽样频率? 如何利用高频数据对模型进行假设检验? 这一系列问题的研究具有十分重要的意义.

近年来，笔者团队在基于高频数据的 GARCH 类模型的统计推断方面做了一些探索性的研究. 研究灵感主要源自 Visser 的波动率代理模型，这是在所有基于高频数据的 GARCH 类模型中结构最简洁的一类模型，在模型估计中具有其特有的优势. 我们一方面从参数 GARCH 类模型进行研究，另一方面从非参数和半参数的 GARCH 类模型进行研究，从而获得了较为系统的基于高频数据的 GARCH 类模型的统计推断理论. 我们编写本书，旨在为读者提供一套较为完整的运用高频数据进行 GARCH 建模的理论框架与建模思路.

通过高频数据的特性及其对金融波动率的影响，本书阐述了基于高频数据的 GARCH 类模型的参数估计与假设检验的理论方法及其渐近结果. 对于相关理论，笔者不仅给出了详细的数学推导过程，而且通过大量的数值模拟实验对其进行了测试. 最后，通过收集大量的金融市场数据，将模型运用于实证分析，测试了模型在实际金融市场中的应用效果. 同时，还结合具体的应用分析，探讨了模型在实际应用中的注意事项与改进方向.

本书适合金融时间序列分析领域的学者阅读，希望能够促进该领域的学术研究与实际应用的发展，为读者带来一定的启发与帮助.

本书在撰写和出版过程中，得到了许多同学的大力支持和帮助，特别是李莉丽、梁鑫、柴芳柔和陈燕珊的帮助和贡献，使本书得以顺利完成. 借付梓之际，对他们表示衷心的感谢. 此外，本书还得到了广东省基础与应用基础研究基金（2022A1515010046、2022A1515110009）和广州市科技项目基金（SL2022A03J00654）的支持，笔者谨在此表示由衷的感谢.

由于笔者水平有限，书中内容肯定存在许多不足之处，恳请各位专家、同行及读者批评指正.

编　者

2025 年 3 月 20 日

目 录

第1章　绪　论

1.1　研究意义

波动率（volatility）是金融资产收益率变化程度的度量，是衡量金融资产风险与不确定性的重要量化指标，在投资组合、资产定价和风险管理等方面有着广泛的应用. 近年来，随着金融市场全球化程度的持续加深，金融市场波动日益频繁，如何对金融市场的波动率做出准确的度量和预测，一直是金融领域研究的热点问题.

通常，我们想要预测一项金融资产的日收益率是非常困难的，而预测收益率的波动率则相对容易. 在金融分析中，波动率是指金融市场中价格偏离均值轨迹的程度. 实际上，波动率是无法被直接观测的，而且会随着时间的变化呈现出一定的波动特征. 这一问题一直困扰着波动率的建模. 直至 Engle（1982）[1] 和 Bollerslev（1986）[2] 的开创性工作后，GARCH 模型被认为是刻画和预测经济及金融收益率波动的最有影响力的模型之一. 后来，GARCH 模型被广泛地开发和扩展用以解释金融收益与波动率的聚集效应、杠杆效应、尖峰厚尾和长记忆性等特征[3, 4]. 这些传统的 GARCH 类模型均基于日间数据进行建模.

近十年来，随着计算机信息技术的迅猛发展，金融高频数据的获取越来越便利. 这些金融高频数据通常以小时、分钟或秒为采集频率，相比于以日、月、季为采样频率记录的低频数据，往往包含更多的市场信息，能够提供低频数据无法观察到的重要特征. 这些特征往往呈现出高度的不规则性，使得传统的低频 GARCH 类模型不再适于刻画高频数据的波动特征[5-7]. 而高频数据蕴含大量的信息，可以帮助市场参与者做出更优的决策.

然而，由于高频数据中存在由交易的非同步性与市场摩擦导致的市场微观结构噪声（noise），这给高频数据建模和实证分析带来了巨大挑战[8, 9]. 而传统的 GARCH 类模型没有考虑日内高频数据包含的信息，从而导致信息大量损失，使得模型估计精度降低. 因此，如何充分利用日内高频数据信息，对金融市场的波动特征进行更准确的刻画，具有重要的理论意义与实际意义.

1.2 研究问题的提出

风险积累的重要来源是金融资产价格上升或下跌的频繁变动. 于投资者而言，波动越大，意味着获得收益需要承担的潜在风险越大，在投资决策时应更加谨慎. 如果可以更好地度量波动性，则可以更好地管控风险.

为描述金融市场中波动率的时变特征，Engle（1982）[1]首次提出了自回归条件异方差（ARCH）模型，该模型能够较好地捕捉金融时间序列中波动率集聚现象，是早期对时变方差建模的一个重要突破. Bollerslev（1986）[2]将其推广至更一般的模型，即广义自回归条件异方差（generalized autoregressive conditional heteroscedasticity，GARCH）模型，这是 ARCH 模型众多推广中最重要的推广. GARCH 模型因其能很好地解释波动率的聚集性和收益率的厚尾等现象，而成为研究和预测时变波动率的标准工具[4].

然而，高频数据的出现，在带来更多信息的同时，也伴随着来自市场的微观结构噪声. 直接在原来的日频 GARCH 模型中运用高频数据，会使得模型估计精度降低，甚至产生巨大偏差而得出错误的结论[7]. 而 GARCH 模型作为波动率建模的经典模型，具有模型结构简单、结果易于解释的优点. 那么，研究如何在原来的日频 GARCH 模型中利用高频数据改进模型的参数估计进行风险管理是极具意义的.

在传统的日频 GARCH 模型中，收益率是可观察的，是日度收益率，观察频率为天. 在高频数据可获得的今天，我们不仅能获得日度收益率，还可观测到日内过程的收益率，采样频率可根据需要进行设定. 日内收益率数据蕴含丰富的信息，利用这些信息，需要掌握日内收益率过程的规律，因此这需要一个模型来刻画日内价格的波动. 有了刻画日内价格波动的模型，日内过程的收益率波动模型就不难得到了. 然而，有了日内收益率模型后，如何将这个模型嵌入传统的 GARCH 模型中是一个关键问题.

Visser（2011）[10]首次提出了尺度模型，通过尺度模型构建合适的“波动率代理”（volatility proxy），就可把日内收益率过程嵌入传统的日频 GARCH 模型的框架中，从而使得模型既能利用高频数据信息又能保持原来 GARCH 模型简洁的结构. Visser

(2011)[10]通过大量的数值模拟研究表明，利用高频数据可提高 GARCH 模型参数估计的精度. 这一结果有助于改进风险价值（VaR）的预报精度和提升风险管理能力. 这是关于高频数据 GARCH 模型的一个新颖的研究，引起了不少学者的研究兴趣[11-16].

然而，已有的利用日内高频数据来估计日频 GARCH 类模型的研究，均需要假定模型中的常数项已知，进而对其他参数进行估计. 这就使得模型在应用上比较局限，因而有必要提出一种能同时估计所有参数的新方法. 另外，利用高频数据估计 GARCH 类模型时需要通过波动率代理来对日内数据进行加工，使用不同的波动率代理得到的估计效果也不相同，但现有文献中关于不同波动率代理的选择研究并不多见. 虽然 Visser (2011)[10]对于对数正态拟极大似然估计给出了波动率代理的选择方法，但对于更为常用的正态分布拟极大似然估计方法或其他常用估计方法，尚未见有关于最优波动率代理选取的讨论. 再者，现有的研究只围绕参数 GARCH 类模型进行讨论，并未涉及非参数 GARCH 模型的研究，而非参数模型能较好地避免波动率函数模型选定错误的问题. 最后，模型应用的一个前提是模型的假设检验问题，而前人的研究仅限于讨论模型的参数估计，并未涉及模型的检验. 这些问题的研究是对高频数据下 GARCH 类模型的统计推断问题的丰富和完善，研究成果对于金融资产的风险价值预报与投资管理具有重要的现实意义.

1.3　研究现状

波动与风险一直是金融领域密切关注和研究的方向之一. 以往许多学者在对金融时间序列的研究中已经证明，金融收益率并非总在固定范围内波动，而是在某些时段波动会持续偏大，在某些时段则持续偏小. 换句话说，当前波动将继续作用于未来波动的变化过程. 这种现象说明假定方差齐性的传统模型已不适用，需要研究具有异方差特性的金融时间序列模型. 过去对波动率的研究进展较缓慢，直到 20 世纪 80 年代，能够描述时变波动率的动态模型——GARCH 模型才被提出来，该模型在金融界引起了极大的关注并被广泛应用. GARCH 模型，即广义自回归条件异方差模型，源于 Engle (1982)[1]和 Bollerslev（1986)[2]开创性的工作，是刻画和预测经济与金融收益率波动的最有影响力的模型之一. GARCH 模型可以为多种金融资产的波动率、相关性以及风险指标进行建模和预测，如个股、股指、信用违约互换协议、外汇、商品期货、债券等. 很多学者对其进行了各种各样的推广研究，从而衍生出了一系列 GARCH 类模型，比如 IGARCH、GARCH-M、EGARCH、GJR、PGARCH、FIGARCH 等. 关于 GARCH 类模型相关理论的详细介绍，可以参见相关文献[4].

GARCH 模型常用的参数估计方法是拟极大似然估计（quasi-maximum likelihood estimation，QMLE），该方法通过极大化高斯似然函数来估计 GARCH 模型的参数. 即使收益数据的真实分布不是正态分布，QMLE 仍然具有良好的统计性质. 在一定正则条件下，Berkes 等（2003）[17]证明了 GARCH 参数 QMLE 具有相合性和渐近正态性. Hall 和 Yao（2003）[18]针对厚尾残差，研究了 GARCH 模型 QMLE 的渐近性质. Francq 和 Zakoïan（2004）[19]讨论了 QMLE 的有关理论条件，并基于更弱的条件建立了 GARCH 模型 QMLE 的收敛性和渐近正态性. Berkes 和 Horvath（2004）[20]给出了广义 QMLE 的渐近理论. Straumann 和 Mikosch（2006）[21]将 GARCH 过程嵌入随机递推方程中，建立了 QMLE 的相合性和渐近正态性.

从 QMLE 的理论结果可知，其估计量的渐近正态性依赖于 GARCH 模型中误差序列 ε_t 的四阶矩. 然而，这在实际中很多时候难以满足. 为了弱化矩条件，一个常用的方法是引入最小绝对值偏差估计（least absolute deviation estimation，LADE）及其衍生的拟极大指数似然估计（quasi-maximum exponential likelihood estimation，QMELE）. Peng 和 Yao（2003）[22]把 LADE 方法应用到 GARCH 模型上来，证明了估计量的渐近性质只依赖残差序列的二阶矩. 该文也首次提及了 QMELE 方法，但没有研究其理论性质. Li 和 Li（2008）[23]研究了 ARFIMA-GARCH 模型的 QMELE，给出了渐近理论的证明. 自此之后，许多学者对 QMELE 方法展开研究，并把它应用到多种时间序列模型上来. Zhu 和 Ling（2011）[24]关注 ARMA-GARCH/IGARCH 模型，研究了 QMELE 的全局和局部收敛性质. 张兴发和李元（2016）[25]把 QMELE 应用到 GARCH-M 模型. Zhu 和 Ling（2013）[26]把 QMELE 应用到 DAR（p）模型. Pan 和 Chen（2016）[27]把 QMELE 应用到非平稳 GARCH(1，1）模型.

近二十年来，金融高频数据的获取越来越便利，关于金融高频数据的研究已引起广泛关注. 目前，已有不少基于高频数据的波动率模型研究. Andersen 和 Bollerslev（1998）[5]研究了汇率市场和股票市场的日内交易模式. 他们把收益率每天可重复的观测值假定为由一个潜在未知的扩散过程生成，每天观测到的收益率被看成这个过程的一次实现. 理论上，如果扩散过程可以被连续观测的话，波动率可以由对数价格过程的二次变差（quadratic variation）或积分波动率（integrated volatility，IV）来决定. 然而，实际上，对数价格过程仅仅在交易发生的离散时刻被观测记录下来，因而，只能从这些离散的收益率观测值来推断波动率.

现有的一些基于高频数据测度波动率的指标，比如平方收益和隐含波动率（implied volatility），见 Andersen 和 Bollerslev（1998）[5] 文献，均不能很好地估计波动率. 一方面，平方收益受市场微观结构噪声的影响，常常导致估计误差的增大；另一方面，隐含波动率依赖于定价模型. 后来，出现了许多基于高频数据的积分波动率估计指标，其中一个广为流行的就是已实现波动率（realized volatility，RV）. 除此之外，还有已实现方差（RV）、已实现极差（RRV）、已实现双幂次变差（RBV）、已实现多幂次变差（RMV），以及它们的混合加权变体等，详见 Barndorff-Nielsen 和 Shephard（2004，2006）[28, 29]、McAleer 和 Medeiros（2008）[30]、Aït-Sahalia 等（2010）[31]. 但这些文献均没有涉及利用日内高频数据来改进日频波动率模型估计精度的研究.

直至 2011 年，Visser（2011）[10] 将日内高频数据引入 GARCH 模型中，提出了尺度模型和波动率代理模型，改进了 GARCH 模型参数估计的渐近方差，提高了模型参数估计的精度，其中波动率代理是一类作用于日内高频数据的非负函数. 越来越多的研究表明，高频数据蕴含了更丰富的资产价格变动信息，将高频数据引入低频波动率模型中，可以有效地提高模型参数的估计精度.

黄金山和陈敏（2014）[11] 把 QMELE 应用到 Visser（2011）[10] 的尺度模型和波动率代理模型中，基于日内高频数据给出了 GARCH 模型参数的拟极大指数似然估计. Huang 等（2015）[12] 针对 GJR-GARCH 模型，引入日内高频数据给出了模型的 M 估计. 樊鹏英等（2017）[13] 提出了基于周期尺度的 GARCH 模型的 VaR 估计方法. Fan 等（2017）[14] 研究了周期 GARCH 模型的 M 估计. 吴思鑫等（2018）[15] 利用日内高频数据给出非平稳条件下 GARCH(1，1) 模型参数的拟极大指数似然估计. Wang 等（2018）[16] 研究了用复合分位数回归方法估计日频 GARCH 模型的参数. 这些研究均讨论模型的参数估计，且在假定 GARCH 模型中的常数项为已知的情形下进行讨论，这使得模型在应用上具有一定的限制性.

在高频数据的处理分析中，数据的抽样是一个重要的问题. 不同的抽样频率会给估计的精度造成不同的影响：抽样频率过高容易造成过多噪声，抽样频率过低又会导致有用信息损失，因而一个合适的抽样频率至关重要. 关于抽样频率方面的研究已有大量文献. 徐正国和张世英（2005）[32]定义了微观结构误差（MSE）作为最优抽样频率的选择准则，其实证研究表明已实现波动率估计在 10 分钟间隔的抽样频率下 MSE 达到最小. 郭名媛和张世英（2006）[33]则考虑 MSE 和测量误差之和为择优标准，以总误差最小的 60 分钟为最优抽样间隔来计算赋权已实现波动. 唐勇和张世英（2007）[34]则分别依据已实现波动和已实现极差波动与积分波动之间误差项的渐近分布，给出了最优抽样频率的选择方法. 李胜歌和张世英（2008）[35]基于已实现双幂次变差和赋权已实现波动，给出了最优抽样频率选择方法. 闵素芹和柳会珍（2009）[36]比较了三种已实现波动率的最优抽样频率选择方法. 杨建辉和鲁旭芬（2012）[37]研究了不同抽样间隔下创业板指数已实现波动的分布特征及其最优采样间隔.

然而，这些关于高频数据最优采样频率的研究多是针对日内波动率的刻画进行讨论，鲜有关于日频波动率模型的讨论. 运用高频数据估计日频 GARCH 类模型时，构造合适的波动率代理是关键，波动率代理的计算依赖于日内高频数据的抽样频率. 因此，波动率代理的最优采样频率是一个亟待解决的问题.

此外，现有的基于高频数据的 GARCH 建模研究只讨论了参数模型的情形，而使用参数 GARCH 类模型时，通常需要预先设定模型的形式. 若模型设定错误，则会带来建模偏差. 而非参数模型方法不需要预先设定模型的形式，且能够很好地捕捉股票市场中的非线性关系和复杂的波动性. 此外，还可使用大量的样本数据来减少过拟合的风险，增加模型的稳定性. 因而基于高频数据讨论非参数 GARCH 建模是十分必要的.

模型建立后，应用前的一个不可或缺的步骤是模型的假设检验. 正如 Engle（1984）[38]所说，实证研究的目的是分析理论与可观察现象的对抗，假设检验正是分析的主要工具. 为了得到经验上的验证，所有的理论最终都必须归结为一个可验证的假设. 而前人关于高频数据 GARCH 建模的研究仅限于讨论模型的参数估计，并未涉及模型的假设检验. 因此，在高频数据 GARCH 建模中讨论模型的假设检验问题是值得研究的内容.

综上，基于高频数据对波动率的 GARCH 建模研究已有基本的理论框架，但不够完善，还有众多问题亟待解决. 因此，针对现有研究的不足，本书对上面提到的相关问题进行深入研究，希望能为丰富和完善高频数据下 GARCH 建模的统计推断理论做出贡献.

1.4　结构安排

本书结构安排如下.

第 1 章：介绍本书的研究意义，提出高频数据 GARCH 类模型研究的问题、现状以及本书的结构安排.

第 2 章：介绍 GARCH 模型及波动率代理模型，介绍模型基本假设及其拟极大似然估计方法.

第 3 章：讨论基于高频数据的 GARCH 模型的拟极大似然估计方法，通过 GARCH（1，1）模型，讨论模型参数估计的两步估计法，以及拟极大似然估计法下最优波动率代理的选择问题.

第 4 章：讨论基于高频数据的 GARCH 模型的拟极大指数似然估计方法，给出估计模型全部参数的两步估计法，讨论针对拟极大指数似然估计法的最优波动率代理的选择问题.

第 5 章：讨论最优波动率代理的选择在高频数据抽样中的应用.

第 6 章：讨论基于日内高频数据非参数 ARCH(1) 模型的估计方法，利用非参数方法对波动率函数进行估计，讨论模型参数的局部线性估计法.

第 7 章：讨论基于日内高频数据的半参数 GARCH 模型的估计方法，在对称和非对称两种情形下，讨论半参数 GARCH 模型的参数估计和波动率函数估计.

第 8 章：讨论波动率代理模型的拉格朗日乘数（LM）检验、似然比（LR）检验，以及沃尔德（Wald）检验.

第 9 章：讨论基于高频数据的 GARCH 模型的调整的似然比（LR）检验，以及调整的沃尔德（Wald）检验.

第 10 章：讨论基于高频数据的 ARCH 类模型的混成检验，比较其与传统混成检验的优势.

第 2 章　GARCH 模型与波动率代理模型

众所周知，资产的收益波动在金融市场中起着重要的作用，波动率的建模在金融领域中对资产定价、投资分析和风险管理是非常重要的．自 Bollerslev（1986）[2] 推广 Engle（1982）[1] 的自回归条件异方差（ARCH）模型以来，广义自回归条件异方差（GARCH）模型已成为金融时间序列波动率建模的一种标准工具，是目前最成熟、最常用的波动率模型之一．在过去的几十年里，GARCH 模型已被推广成许多扩展模型，具体可参阅 Francq 和 Zakoïan（2010）[4] 的研究综述和其中的参考文献．本章主要介绍 GARCH 模型与波动率代理模型的结构及其拟极大似然估计（QMLE）．

2.1　GARCH 模型

2.1.1　GARCH 模型结构

假设 r_n 为某个资产第 n 天的收益率，则传统的 GARCH(1，1) 模型具有如下形式：

$$r_n = \sigma_n \varepsilon_n, \tag{2.1}$$

$$\sigma_n^2 = \kappa + \alpha r_{n-1}^2 + \beta \sigma_{n-1}^2. \tag{2.2}$$

其中，新息项序列 ε_n 是均值为 0、方差为 1 的独立同分布的随机变量序列，尺度因子 σ_n 是收益率 r_n 在给定 $n-1$ 时刻的条件标准差，$\sigma_n > 0$．κ，α 和 β 是模型参数，α 为 ARCH 系数，β 为 GARCH 系数，满足 $\kappa > 0$，$\alpha \geqslant 0$ 和 $\alpha + \beta < 1$．GARCH 模型常用的参数估计方法为拟极大似然估计法．

易见，GARCH 模型中的条件方差是关于滞后收益平方和滞后条件方差的回归方程，使得模型能够刻画金融资产收益率波动的时变性和聚集性等特征．大量研究表明，GARCH 模型能很好地描述金融时间序列中的波动聚集和收益厚尾等现象，因而特别适合金融时间序列的建模，参见 Francq 和 Zakoïan（2010）[4].

实际中，为了方便估计模型参数，常需假定 κ 已知，进而对 α，β 进行估计，这样处理的目的是消除 Z_n 未标准化对参数估计造成的影响. 一种常见的处理方法是，对模型（2.1）~（2.2）中的参数进行下列变换. 见 Drost 和 Klaassen（1997）[40]：

$$\sigma_n = \nu_n \tau,\quad \kappa = \tau^2,\quad \alpha = \gamma\tau^2,$$

其中 $\tau > 0$，于是模型（2.1）~（2.2）可等价地写成

$$r_n = \nu_n \tau \varepsilon_n, \tag{2.3}$$

$$\nu_n^2 = 1 + \gamma r_{n-1}^2 + \beta \nu_{n-1}^2. \tag{2.4}$$

2.1.2　GARCH 模型的假设和条件

若采用 QMLE 估计模型（2.3）~（2.4）参数，为获得唯一遍历平稳解及解的渐近性质，需要如下基本假设和条件.

记 Θ 为参数空间，GARCH 模型需满足如下基本假设：

（A1）ε_n 是独立的随机变量序列，满足 $E(\varepsilon_n^2) = 1$；

（A2）Θ 是参数空间中的一个紧子集，$\tau > 0$，$\gamma > 0$，$\beta \in [0, 1)$，且 θ^0 是 Θ 的内点；

（A3）$E[\log \alpha^0 (\tau^0)^2 \varepsilon_n^2 + \beta^0] < 0$；

（A4）ε_n^2 是非退化的随机变量；

（A5）$E\varepsilon_n^4 < \infty$.

同时，还需如下 QML 正则性条件，见 Bollerslev（1986）[2]：

（B1）Θ 是一个紧集，有非空的内点，且 θ^0 属于 Θ 的内点；

（B2）方差函数 h_n 对所有的 $\theta \in \Theta$ 是可测的函数，且在 Θ 的内部具有关于 θ 的二阶连续导数；

（B3）序列（$l_n(\theta)$）满足一致弱大数定律（UWLLN），θ^0 是唯一可识别的，使得函数

$$N^{-1} \sum_{n=1}^{N} E[l_n(\theta) - l_n(\theta^0)]$$

取得最大值的点；

（B4）Hessian 矩阵序列（$l''_n(\theta)$）满足 UWLLN，其数学期望 $A_0 = El''_n(\theta^0)$ 是正定的；

（B5）似然函数得分的外积（$S_n(\theta^0)S_n(\theta^0)^T$）满足 UWLLN，且其数学期望

$$B_0 = E[S_n(\theta^0) S_n(\theta^0)^T]$$

是正定的.

QML 正则性条件中的一致弱大数定律（UWLLN）的定义如下，见 Wooldridge（1990）[39].

定义 2.1　如果随机变量序列 $g_n(y_n, \theta)$，满足如下依概率收敛性：

$$\sup_{\theta\in\Theta}\left|\frac{\sum_{n=1}^{N} g_n(y_n, \theta)}{N} - Eg_n(y_n, \theta)\right| \xrightarrow{p} 0,\ N\to\infty,$$

则称序列 $g_n(y_n, \theta)$ 满足一致弱大数定律.

2.1.3　GARCH 模型的拟极大似然估计

常用的 GARCH 模型参数的估计方法为拟极大似然估计（QMLE），它也是一种条件极大似然估计，见 Francq 和 Zakoïan（2010）[4]、Berkes 等（2003）[17].

在模型假设（A1）成立下，易得收益率 r_n 的条件期望和方差分别为

$$E(r_n | F_{n-1}) = 0,\ \mathrm{Var}(r_n | F_{n-1}) = \nu_n^2\tau^2.$$

记 $L_N(\theta) = L_N(\theta; r_1, \cdots, r_N)$ 为模型（2.3）~（2.4）的拟极大似然函数，则 $L_N(\theta)$ 可表示为

$$L_N(\theta) = \sum_{n=1}^{N} l_n(\theta) = -\frac{1}{2}\sum_{n=1}^{N}\left[\log(\nu_n^2\tau^2) + \frac{r_n^2}{\nu_n^2\tau^2}\right].$$

模型（2.3）~（2.4）的 QMLE 定义为：

$$\hat{\theta} = \arg\max_{\theta\in\Theta}\{L_N(\theta)\}.$$

在模型的基本假设和 QML 的正则性条件下，QMLE $\hat{\theta}$ 是一个相合估计且服从渐近

正态分布，参见 Francq 和 Zakoïan（2010）[4] 中的定理 2.1 和定理 2.2，即有如下定理.

定理 2.1　若假设（A1）~（A5）及 QML 的正则性条件（B1）~（B5）成立，则 GARCH 模型（2.3）~（2.4）的 QMLE 满足 $\hat{\theta} \xrightarrow{a.s.} \theta_0$，$N \to \infty$.

定理 2.2　若假设（A1）~（A5）及 QML 的正则性条件（B1）~（B5）成立，则 GARCH 模型（2.3）~（2.4）的 QMLE $\hat{\theta}$ 具有如下极限分布：

$$\sqrt{N}(\hat{\theta} - \theta^0) \xrightarrow{d} N(0, V_0),\ N \to \infty, \tag{2.5}$$

其中，

$$V_0 = \mathrm{Var}(\varepsilon_n^2) G(\theta^0)^{-1},\ G(\theta) = E\left[\frac{1}{\sigma_0^4} h_0'(\theta) h_0'(\theta)^T\right],\ h_n(\theta) = \sigma_n^2(\theta) = \nu_n^2 \tau^2.$$

2.2　尺度模型与波动率代理

Visser（2011）[10] 提出了一个新颖的尺度模型和波动率代理模型，该模型在保留了传统的 GARCH 模型的基本框架下嵌入了日内收益率过程. 模型参数的估计是通过构建满足正齐性的波动率代理（日内价格过程的一个函数）来实现的. Visser 通过大量的研究表明，通过构建适当的波动率代理可提高 GARCH 模型参数估计的精度.

2.2.1　尺度模型

为了引用高频数据，需要利用连续时间模型来刻画日内的价格或收益的变动过程. 假设每天可观测到的金融资产价格过程为 $P_n(u)$，$n=1$，⋯，N，将每一天的日内交易时间都标准化为［0，1］区间，$0 \leqslant u \leqslant 1$. 当 $u=1$ 时，$R_n(1)$ 恰为第 n 天收盘价. 定义第 n 天 u 时刻的高频对数收益率为

$$R_n(u) = 100 \times [\log P_n(u) - \log P_{n-1}(1)], \tag{2.6}$$

即日内的收益过程.

对每个交易日 n，把日内交易时间映射到单位时间区间［0，1］，将日内对数收益率过程 $R_n(\cdot)$ 分解成一个标准过程 $\psi_n(\cdot)$ 和一个尺度因子 σ_n 的乘积：

$$R_n(u) = \sigma_n \psi_n(u),\ 0 \leqslant u \leqslant 1, \tag{2.7}$$

其中，标准过程 $\psi_n(\cdot)$是一个样本路径右连续并具有左极限（cadlag）的过程．对不同的交易日 $k \neq n$，$\psi_k(\cdot)$与 $\psi_n(\cdot)$相互独立且具有相同的概率分布．实际运用中常假设过程 $\psi_n(\cdot)$与 σ_n 独立．

易见，尺度模型（2.7）与 GARCH 模型中的（2.1）式结构相似．首先尺度因子 σ_n 同为潜变量，而标准过程 $\psi_n(\cdot)$ 又与（2.1）式中的新息项 ε_n 相似．事实上，只要取 $u=1$，就有

$$r_n = R_n(1),\ \varepsilon_n = \psi_n(1).$$

从而尺度模型化为（2.1）式．其中由标准过程 $\psi_n(\cdot)$是独立同分布的，保证了随机变量序列（Z_n）也是独立同分布的．通过进一步标准化，我们可得 $E\psi_n^2(1)=1$.

若 σ_n 有 GARCH(1，1）模型（2.2）的结构，则日内对数收益率过程 $R_n(\cdot)$ 的全模型可写为

$$R_n(u) = \sigma_n \psi_n(u),\ 0 \leqslant u \leqslant 1, \tag{2.8}$$

$$\sigma_n^2 = k + \alpha r_{n-1}^2 + \beta \sigma_{n-1}^2. \tag{2.9}$$

尺度因子 σ_n 是一个潜变量．日内收益率过程 $R_n(\cdot)$ 是可观测的，它有由

$$\{R_n(\cdot), R_{n-1}(\cdot), \cdots\}$$

产生的信息集 F_n．易见模型（2.8）~（2.9）考虑了日内高频信息 $R_n(u)$，并保持了与日频 GARCH 模型（2.1）~（2.2）相同的参数．所以，日频 GARCH 模型是一类特殊的尺度模型，只需取 $u=1$，就有 $r_n = R_n(1)$．因此，尺度模型能很好地将日内的连续过程与日频 GARCH 模型统一起来，解决了日内数据与日间模型的联系问题，是一类简单而实用的模型．

2.2.2 波动率代理

实际中，我们只观测到 $R_n(\cdot)$，σ_n 是一个潜变量，只能由数据来估计．一个直观的想法是借助二次变差的平方根，实际中，常用已实现的波动率（RV）．如果标准过程 $\psi_n(\cdot)$ 是一个标准的维纳过程，则其二次变差 $QV(\psi_n)=1$，于是有 $\sqrt{QV(R_n)}=\sigma_n$，

从而尺度参数与二次变差存在如下关系：

$$\sqrt{QV_n} = \sigma_n\sqrt{QV(\psi_n)}.$$

值得注意的是，一般的过程没有这一联系. 基于这一联系，可以考虑日内高频数据的观测，构建日内高频数据的二次变差的平方根，但这类统计量不能直接作为 σ_n 的估计，Visser（2011）[10]把这类日内数据的非负统计量称为“波动率代理”，其要求满足正齐性：

$$H_n = H(\alpha R_n) = \alpha H(R_n) > 0, \ \alpha > 0. \tag{2.10}$$

常用的波动率代理是（不同采样频率下的）已实现的波动率，它是日内对数收益率已实现方差的平方根. 关于已实现的波动率的详细介绍可参见 Barndorff-Nielsen（2002）[6]和 Andersen 等（2003）[7]的研究. 其计算公式如下：

$$H_n = RV = \sqrt{\sum_k r_{n,k}^2}, \tag{2.11}$$

其中 $r_{n,k}$是第 n 天第 k 个小区间的收益率. 实际中，5 分钟的采样频率最为常见. 其他常见的波动率代理还有日内高低价差、幂指绝对变差和日绝对对数收益率 r_n.

由 H_n 的正齐性及尺度模型（2.8），可得

$$H_n = H(R_n) = H(\sigma_n\psi_n) = \sigma_n H(\psi_n). \tag{2.12}$$

假设 $\psi_n(\cdot)$与尺度因子 σ_n 相互独立，则有 H_n 与 σ_n 也独立. 这样，波动率代理 H_n 的变化趋势与 σ_n 的变化保持一致，潜变量 σ_n 的信息就可由（2.12）式中的 H_n 反映出来.

将 H_n 嵌入方程（2.8）~（2.9）中，即得如下波动率代理全模型，为行文方便，我们将其称为 VP-GARCH 模型：

$$H_n = \sigma_n Z_{Hn}, \tag{2.13}$$

$$\sigma_n^2 = \kappa + \alpha r_{n-1}^2 + \beta\sigma_{n-1}^2, \tag{2.14}$$

其中 $Z_{Hn} \equiv H_n(\psi_n)\ /\mu_2^H$，$0 < \mu_2^H \equiv \sqrt{EH^2(\psi_n)} < \infty$. 模型（2.13）~（2.14）中，所有变量频率相等，日内高频数据信息承载在波动率代理H_n上. 其中，σ_n 和 Z_{Hn}相互独立，

κ，α，β 为 GARCH(1，1) 的待估参数．由于标准过程 $\psi_n(\cdot)$ 是独立同分布序列，因而 Z_{Hn} 也是独立同分布的随机变量序列．当 $H_n = H(R_n(u)) = |R_n(1)| = |r_n|$ 时，模型 (2.13) ~ (2.14) 等价于日频 GARCH(1，1) 模型．显然，VP-GARCH 模型不仅利用了高频数据信息，还保留了日频 GARCH 模型的结构特征．

同样，为方便估计模型参数，对模型（2.13）~（2.14）中的参数进行下列变换：

$$\sigma_n = \nu_n \tau_H,\ \kappa = \tau_H^2,\ \alpha = \gamma \tau_H^2,$$

其中 $\tau_H > 0$，于是模型（2.13）~（2.14）可等价地写成

$$H_n = \nu_n \tau_H Z_{Hn}, \tag{2.15}$$

$$\nu_n^2 = 1 + \gamma r_{n-1}^2 + \beta \nu_{n-1}^2. \tag{2.16}$$

该模型的构建有两个巧妙之处，一是尺度模型，是一个尺度因子与标准过程的乘积，其用于刻画日内收益率过程；另一个是波动率代理，它是日内收益率过程的函数，不含其他任何参数，是一类正的且满足正齐性的统计量．在实际中，应注意理解波动率代理与尺度模型的联系与区别．为讨论波动率代理模型的参数估计和估计的渐近性质，设定一些模型的假设和条件是必需的．

2.2.3 波动率代理模型的假设和条件

模型（2.15）~（2.16）的参数估计依然是拟极大似然估计．QME 的正则性条件（B1）~（B5）是模型获得拟极大似然估计所必需的，这里不再赘述．只需给出模型的一些基本假设．调整 GARCH 模型假设（A1）中的 $EZ_n^2 = 1$ 为 $EZ_{Hn}^2 = 1$，调整（A2）中的 $\tau > 0$ 为 $\tau_H > 0$，以及调整（A5）中的 $EZ_n^4 < \infty$ 为 $EZ_{Hn}^4 < \infty$ 即可，调整后的假设记为（A°1）~（A°5）．具体如下：

（A°1）（Z_{Hn}）是独立的随机变量序列，满足 $EZ_{Hn}^2 = 1$；

（A°2）Θ 是参数空间中的一个紧子集，$\tau_H > 0$，$\gamma > 0$，$\beta \in [0, 1)$，且 θ^0 是 Θ 的内点；

（A°3）$E(\log \gamma^0 (\tau^0)^2 Z_n^2 + \beta^0) < 0$；

（A°4）Z_n^2 是非退化的随机变量；

（A°5）$EZ_{Hn}^4 < \infty$.

2.2.4　VP-GARCH 模型的拟极大似然估计

记 $\theta=(\gamma,\ \beta,\ \tau_H)^T$ 为 VP-GARCH 模型（2.15）~（2.16）的参数向量，Visser（2011）[10]运用拟极大似然估计（QMLE）法估计模型的参数．由于 H_n 总是正的，引入辅助变量 y_n：

$$y_n = \delta_n H_n, \tag{2.17}$$

其中，随机变量序列 δ_n 与模型（2.15）~（2.16）相互独立，并且以 0.5 的概率分别取 $\{-1,\ 1\}$ 中的两个值．只要（2.15）式中的新息项满足 $EZ_{Hn}^2=1$，则 y_n 的条件均值和方差分别为

$$E(y_n \mid F_{n-1})=0,\ \mathrm{Var}(y_n \mid F_{n-1})=v_n^2\tau_H^2.$$

从而 VP-GARCH 模型的拟极大似然函数可表为

$$\begin{aligned} L_{HN}(\theta) &= \sum_{n=1}^{N} l_{Hn}(\theta) = -\frac{1}{2}\sum_{n=1}^{N}\left[\log v_n^2(\gamma,\ \beta)\tau_H^2+\frac{y_n^2}{v_n^2(\gamma,\ \beta)\tau_H^2}\right] \\ &= -\frac{1}{2}\sum_{n=1}^{N}\left[\log v_n^2(\gamma,\ \beta)\tau_H^2+\frac{H_n^2}{v_n^2(\gamma,\ \beta)\tau_H^2}\right]. \end{aligned} \tag{2.18}$$

模型（2.15）~（2.16）的 QMLE 定义为：

$$\widehat{\theta}_H=\arg\max_{\theta\in\Theta}\{L_{HN}(\theta)\}.$$

在模型的一些假设和 QME 的正则性条件下，可证明 $\widehat{\theta}_H$ 是参数真值 θ^0 的相合估计，且服从渐近正态分布．

定理 2.3　若假设（A°1）~（A°5）及 QML 的正则性条件（B1）~（B5）成立，则 VP-GARCH 模型（2.15）~（2.16）的 QMLE $\widehat{\theta}_{\mathrm{H}}$，满足 $\widehat{\theta}_{\mathrm{H}}\xrightarrow{a.s.}\theta_0$，$N\to\infty$，且有如下极限分布：

$$\sqrt{N}(\widehat{\theta}_H-\theta_0)\xrightarrow{d}N(0,V_0),\ N\to\infty,$$

其中

$$V_0 = \mathrm{Var}(Z_H^2)G_H^{-1}(\theta^0),\ G_H(\theta^0) = E\left[\frac{1}{\sigma_0^4}h_0'(\theta^0)h_0'(\theta^0)^T\right],\ h_n(\theta) = \sigma_n^2(\theta) = \nu_n^2\tau^2.$$

VP-GARCH 模型因其波动率代理模型中不含参数，模型参数估计的渐近结果也不需要知道日内价格过程的概率分布，因而是一个易于应用的模型.

2.3 本章小结

本章介绍了传统的 GARCH 模型和 VP-GARCH 模型，并分别介绍了其模型结构、基本假设和条件，以及模型的拟极大似然估计方法及估计的渐近收敛性定理. 这些理论是本书的理论基础，后面的章节均是在这些理论基础上展开研究. 因此，为避免陈述累赘，本书将这些理论编排在最前面，读者可在需要时回顾查阅.

第 3 章　基于高频数据的 GARCH 模型拟极大似然估计

基于高频数据的 GARCH 模型的研究，Visser（2011）[10]在设定 GARCH 模型条件方差方程中的常数项为已知的条件下，讨论了模型的拟极大似然估计. 但模型中的常数项被假定为已知，这在很多场合不切合实际. 本章我们介绍两步估计法[41]，考虑基于高频数据的 GARCH（1，1）模型，采用正态分布拟极大似然估计（Gaussian QMLE）法估计 GARCH 模型中的全部参数（包括常数项），并基于拟极大似然估计量讨论最优波动率代理的选择问题.

3.1　模型建立

关于日频 GARCH（1，1）模型（2.1）~（2.2），令 $\theta=(\kappa,\ \alpha,\ \beta)^T$ 为待估参数向量. 基于波动率代理模型，可引入高频数据来改进 GARCH 参数 θ 的估计精度.

考虑第 2 章中波动率代理模型的框架（2.13）~（2.14），根据 Visser（2011）[10]提出的 Gaussian QMLE 方法，对 Z_{Hn}进行标准化. 已知 $Z_{Hn}\equiv H(Z_n(u))$，$\mu_H\equiv EZ_{Hn}^2$，令 $\varepsilon_n^*=Z_{Hn}/\sqrt{\mu_H}$，由于标准随机过程 $\psi_n(\cdot)$ 独立同分布（$i.\ i.\ d.$），因而 ε_n^* 也是 $i.\ i.\ d.$ 随机变量序列且 $E\varepsilon_n^{*2}=1$. 那么模型（2.13）~（2.14）可表示为：

$$H_n=\sigma_n Z_{Hn}=\sigma_n\sqrt{\mu_H}\cdot\varepsilon_n^*,\tag{3.1}$$

$$\sigma_n^2=\kappa+\alpha r_{n-1}^2+\beta\sigma_{n-1}^2.\tag{3.2}$$

对于上述模型，多出一个未知参数 μ_H，这使得无法直接应用 Visser（2011）[10]提出的 Gaussian QMLE 方法. 为此，我们将上述模型进行适当的变换. 令 $\sigma_n^*=\sigma_n\sqrt{\mu_H}$，可将（3.1）~（3.2）改写如下：

$$H_n=\sigma_n^*\varepsilon_n^*,\tag{3.3}$$

$$\sigma_n^{*2} = \kappa^* + \alpha^* y_{n-1}^2 + \beta^* \sigma^{*2}_{n-1}, \tag{3.4}$$

其中，模型之间的参数满足如下关系：

$$\kappa^* = \kappa\mu,\ \alpha^* = \alpha\mu,\ \beta^* = \beta. \tag{3.5}$$

容易看出，当波动率代理$H_n = |r_n|$时，$\mu_H = 1$，$\sigma_n^* = \sigma_n$. 因此，模型（3.3）~（3.4）包含特例，即模型（2.1）~（2.2）. 依据方程（3.3）~（3.4），我们可以利用 Visser（2011）[10]提出的似然方法来估计$\theta^* = (\kappa^*,\ \alpha^*,\ \beta^*)^T$，然后利用等式（3.2）和（3.5）最终给出参数$\theta = (\kappa,\ \alpha,\ \beta)^T$的估计. 我们将在 3.2 节进行阐述.

3.2 拟极大似然估计

首先，我们采用拟极大似然估计（QMLE）法估计模型（3.3）~（3.4）的参数$\theta^* = (\kappa^*,\ \alpha^*,\ \beta^*)^T$. 记$\theta_0^* = (\kappa_0^*,\ \alpha_0^*,\ \beta_0^*)^T$为相应参数真值. 由 Visser（2011）[10]的研究，可得如下拟条件对数似然函数：

$$L_N(\theta^*) = \sum_{n=1}^{N} l_n(\theta^*),\ l_n(\theta^*) = \log(\sigma_n^{*2}(\theta^*)) + \frac{H_n^2}{\sigma_n^{*2}(\theta^*)}, \tag{3.6}$$

则θ^*的拟极大似然估计为

$$\hat{\theta}^* = \arg\min_{\theta^* \in \Theta} L_N(\theta^*). \tag{3.7}$$

在给出$\hat{\theta}^*$的渐近性质之前，我们先给出模型（3.3）~（3.4）的基本假设：

（C1）θ^*的参数空间$\Theta \subset (0,\ \infty)^3$，$\Theta$是紧集，$\theta_0^* \in \mathrm{int}\Theta$；

（C2）$E[\log(\alpha_0^* \varepsilon_n^{*2} + \beta_0^*)] < 0$；

（C3）$E\varepsilon_n^{*4} < \infty$.

基于以上正则条件，参考 Visser（2011）[10]或 Straumann 和 Mikosch（2006）[21]的证明，容易得到$\hat{\theta}^*$渐近分布为

$$\sqrt{N}\ (\hat{\theta}^* - \theta_0^*) \xrightarrow{L} N\ (0,\ \Sigma^*),\ N \to \infty, \tag{3.8}$$

其中

$$\Sigma^* = J_0^{-1} I_0 J_0^{-1},$$

$$(J_0)_{i,j} = E\left[\frac{\partial^2 l_n(\theta_0^*)}{\partial\theta_i^* \partial\theta_j^*}\right],$$

$$(I_0)_{i,j} = E\left[\frac{\partial l_n(\theta_0^*)}{\partial\theta_i^*} \frac{\partial l_n(\theta_0^*)}{\partial\theta_j^*}\right].$$

为得到 $\widehat{\theta}^*$ 的渐近方差，计算似然函数 $l_n(\theta^*)$ 的一阶、二阶偏导数如下：

$$\frac{\partial l_n(\theta^*)}{\partial\theta_i^*} = \left[1 - \frac{H_n^2}{\sigma_n^{*2}(\theta^*)}\right]\frac{1}{\sigma_n^{*2}(\theta^*)} \frac{\partial\sigma_n^{*2}(\theta^*)}{\partial\theta_i^*},$$

$$\frac{\partial^2 l_n(\theta^*)}{\partial\theta_i^* \partial\theta_j^*} = \frac{1}{\sigma_n^{*4}(\theta^*)}\left\{\left[\frac{2H_n^2}{\sigma_n^{*2}(\theta^*)} - 1\right]\frac{\partial\sigma_n^{*2}(\theta^*)}{\partial\theta_i^*} \frac{\partial\sigma_n^{*2}(\theta^*)}{\partial\theta_j^*} + [\sigma_n^{*2}(\theta^*) - H_n^2] \frac{\partial^2\sigma_n^{*2}(\theta^*)}{\partial\theta_i^* \partial\theta_j^*}\right\}.$$

在 θ_0^* 处，对二阶偏导数取期望，得到矩阵 J_0：

$$(J_0)_{i,j} = E\left[\frac{\partial^2 l_n(\theta_0^*)}{\partial\theta_i^* \partial\theta_j^*}\right] = E\left[\frac{1}{\sigma_n^{*4}(\theta_0^*)} \frac{\partial\sigma_n^{*2}(\theta_0^*)}{\partial\theta_i^*} \frac{\partial\sigma_n^{*2}(\theta_0^*)}{\partial\theta_j^*}\right].$$

对于矩阵 I_0，由 $H_n = \sigma_n^* \varepsilon_n^*$ 及 σ_n^* 与 ε_n^* 的独立性，可得

$$(I_0)_{i,j} = E(\varepsilon_n^{*2} - 1)^2 E\left[\frac{1}{\sigma_n^{*4}(\theta_0^*)} \frac{\partial\sigma_n^{*2}(\theta_0^*)}{\partial\theta_i^*} \frac{\partial\sigma_n^{*2}(\theta_0^*)}{\partial\theta_j^*}\right].$$

因此，$\widehat{\theta}^*$ 的渐近方差为

$$\Sigma^* = \mathrm{Var}(\varepsilon_n^{*2}) G(\theta_0^*)^{-1}, \tag{3.9}$$

其中

$$\mathrm{Var}(\varepsilon_n^{*2}) = E(\varepsilon_n^{*2} - 1)^2,\ G(\theta_0^*)_{i,j} = E\left[\frac{1}{\sigma_n^{*4}(\theta_0^*)} \frac{\partial\sigma_n^{*2}(\theta_0^*)}{\partial\theta_i^*} \frac{\partial\sigma_n^{*2}(\theta_0^*)}{\partial\theta_j^*}\right].$$

矩阵 $G(\theta^*)$的元素与 $\sigma_n^{*2}(\theta^*)$关于$\theta^* = (\kappa^*, \alpha^*, \beta^*)^T$的一阶偏导数有关. 具体有：

$$\sigma_n^{*2} = \kappa^* + \alpha^* y_{n-1}^2 + \beta^* \sigma_{n-1}^{*2} = \frac{\kappa^*}{1 - \beta^*} + \alpha^* \sum_{i=0}^{\infty} (\beta^*)^i y_{n-i-1}^2,$$

$$\frac{\partial\sigma_n^{*2}}{\partial\kappa^*}=\frac{1}{1-\beta^*},\ \frac{\partial\sigma_n^{*2}}{\partial\alpha^*}=\sum_{i=1}^{\infty}(\beta^*)^{i-1}y_{n-i}^2,\ \frac{\partial\sigma_n^{*2}}{\partial\beta^*}=\sum_{i=1}^{\infty}(\beta^*)^{i-1}\sigma_{n-i}^{*2}.$$

下面，我们将讨论 $\theta=(\kappa,\ \alpha,\ \beta)^T$ 的估计值，这里给出两种估计方法.

方法 1　根据 $\kappa=\kappa^*/\mu_H$，$\alpha=\alpha^*/\mu_H$，$\beta=\beta^*$，如果可以估计出 μ_H，就可进一步得到 κ 和 α 的估计. 得到估计 $\widehat{\theta}^*$ 后，由模型（3.4）得到拟合的 $\{\widehat{\sigma_n}^{*2}\}$ 序列. 已知收益的绝对值 $|r_n|$ 也可看成一个特殊的波动率代理（即 $H_n=|r_n|$，$\varepsilon_n^*=|\varepsilon_n|$），令 $H_n=|r_n|$，此时由似然函数（3.6）得到的参数估计实际上是 GARCH(1，1) 模型(2.1)～(2.2) 的参数估计，记为 $\widetilde{\theta}=(\widetilde{\kappa},\ \widetilde{\alpha},\ \widetilde{\beta})^T$，对应的日波动率拟合序列记为 $\{\widetilde{\sigma_t^2}\}$. 根据 $\sigma_n^*=\sigma_n\sqrt{\mu_H}$ 或 $\mu_H=\sigma_n^{*2}/\sigma_n^2$，可得到 μ_H 的一个估计：

$$\widehat{\mu_H}=\frac{1}{N}\sum_{n=1}^{N}\frac{\widehat{\sigma_n}^{*2}}{\widetilde{\sigma_n^2}}.$$

容易证明 $\widehat{\mu_H}$ 是一个相合估计. 基于估计量 $\widehat{\mu_H}$，进一步可得到引入高频信息的 GARCH 模型的参数估计，记为 $\widehat{\theta}=(\widehat{\kappa},\ \widehat{\alpha},\ \widehat{\beta})^T$，其中

$$\widehat{\kappa}=\frac{\widehat{\kappa^*}}{\widehat{\mu_H}},\ \widehat{\alpha}=\frac{\widehat{\alpha^*}}{\widehat{\mu_H}},\ \widehat{\beta}=\widehat{\beta}^*. \tag{3.10}$$

记 $\sigma_{\kappa^*}^2$，$\sigma_{\alpha^*}^2$，$\sigma_{\beta^*}^2$ 分别是 κ^*，α^* 和 β^* 估计的渐近方差，则基于 $\widehat{\theta}^*$ 的渐近性可得出：

$$\sqrt{N}(\widehat{\kappa}-\kappa_0)\xrightarrow{L}N\left(0,\ \frac{\sigma_{\kappa^*}^2}{\mu_H^2}\right), \tag{3.11}$$

$$\sqrt{N}(\widehat{\alpha}-\alpha_0)\xrightarrow{L}N\left(0,\ \frac{\sigma_{\alpha^*}^2}{\mu_H^2}\right), \tag{3.12}$$

$$\sqrt{N}(\widehat{\beta}-\beta_0)\xrightarrow{L}N(0,\ \sigma_{\beta^*}^2). \tag{3.13}$$

方法 2　利用参数之间的隐含关系来得到 $\widehat{\theta}$. 因为 κ^*，α^* 是由 κ，α 同乘以 μ_H 得到的，这意味着有 $\alpha/\kappa=\alpha^*/\kappa^*\equiv c$. 又因 r_n 的条件异方差为

$$\sigma_n^2=\kappa+\alpha r_{n-1}^2+\beta\sigma_{n-1}^2,$$

条件均值和无条件均值皆为 0，故有

$$\mathrm{Var}(r_n)=E[E(r_n^2\mid I_{n-1})]=E(\kappa+\alpha r_{n-1}^2+\beta\sigma_{n-1}^2)$$
$$=\kappa+c\kappa E(r_{n-1}^2)+\beta E(\sigma_{n-1}^2).$$

已知 $\mathrm{Var}(r_n)=E(\sigma_{n-1}^2)=E(r_{n-1}^2)\equiv S$，根据上式容易得到

$$\kappa=\frac{(1-\beta)S}{1+cS}=\frac{(1-\beta^*)S}{1+\frac{\alpha^*}{\kappa^*}S}=\frac{\kappa^*(1-\beta^*)S}{\kappa^*+\alpha^*S},$$

$$\alpha=c\kappa=\frac{\alpha^*}{\kappa^*}\cdot\frac{\kappa^*(1-\beta^*)S}{\kappa^*+\alpha^*S}=\frac{\alpha^*(1-\beta^*)S}{\kappa^*+\alpha^*S}.$$

于是，GARCH 模型的参数 θ 可表示为 θ^* 的函数，即

$$f_\kappa(\theta^*)=\frac{\kappa^*(1-\beta^*)S}{\kappa^*+\alpha^*S},\ f_\alpha(\theta^*)=\frac{\alpha^*(1-\beta^*)S}{\kappa^*+\alpha^*S},\ f_\beta(\theta^*)=\beta^*.$$

那么，参数 $\theta=(\kappa,\alpha,\beta)^T$ 的估计量为 $\hat{\theta}=(\hat{\kappa},\hat{\alpha},\hat{\beta})^T$，其中

$$\hat{\kappa}=f_\kappa(\hat{\theta}^*),\ \hat{\alpha}=f_\alpha(\hat{\theta}^*),\ \hat{\beta}=f_\beta(\hat{\theta}^*).\tag{3.14}$$

为讨论（3.14）式中估计量的渐近性质，先给出相关偏导数如下：

$$\nabla f_\kappa=\left(\frac{\partial f_\kappa}{\partial\kappa^*},\frac{\partial f_\kappa}{\partial\alpha^*},\frac{\partial f_\kappa}{\partial\beta^*}\right)^T=\left(\frac{\alpha^*(1-\beta^*)S^2}{(\kappa^*+\alpha^*S)^2},-\frac{\kappa^*(1-\beta^*)S^2}{(\kappa^*+\alpha^*S)^2},-\frac{\kappa^*S}{\kappa^*+\alpha^*S}\right)^T,$$

$$\nabla f_\alpha=\left(\frac{\partial f_\alpha}{\partial\kappa^*},\frac{\partial f_\alpha}{\partial\alpha^*},\frac{\partial f_\alpha}{\partial\beta^*}\right)^T=\left(-\frac{\alpha^*(1-\beta^*)S}{(\kappa^*+\alpha^*S)^2},\frac{\kappa^*(1-\beta^*)S}{(\kappa^*+\alpha^*S)^2},-\frac{\alpha^*S}{\kappa^*+\alpha^*S}\right)^T,$$

$$\nabla f_\beta=\left(\frac{\partial f_\beta}{\partial\kappa^*},\frac{\partial f_\beta}{\partial\alpha^*},\frac{\partial f_\beta}{\partial\beta^*}\right)^T=(0,0,1)^T.$$

由于 $\hat{\theta}^*$ 的渐近分布已知，由 Delta 方法，可得 $\hat{\theta}$ 的渐近分布：

$$\sqrt{N}(\hat{\kappa}-\omega_0)=\sqrt{N}[f_\kappa(\hat{\theta}^*)-f_\kappa(\theta_0^*)]\xrightarrow{L}N(0,(\nabla f_\kappa)^T\Sigma^*(\nabla f_\kappa)),\tag{3.15}$$

$$\sqrt{N}(\widehat{\alpha}-\alpha_0)=\sqrt{N}[f_\alpha(\widehat{\theta}^*)-f_\alpha(\theta_0^*)]\xrightarrow{L}N(0,\ (\nabla f_\alpha)^T\Sigma^*(\nabla f_\alpha)),\quad(3.16)$$

$$\sqrt{N}(\widehat{\beta}-\beta_0)=\sqrt{N}[f_\beta(\widehat{\theta}^*)-f_\beta(\theta_0^*)]\xrightarrow{L}N(0,\ (\nabla f_\beta)^T\Sigma^*(\nabla f_\beta)).\quad(3.17)$$

我们将通过大量的数值模拟展示两种估计方法下的估计表现，具体见 3.4 节.

3.3 最优波动率代理选择

已有研究表明，不同的波动率代理 H_n，其提高估计精度的效果不尽相同. Visser (2011)[10]针对对数正态拟极大似然估计，给出了一个检验准则：$\mathrm{Var}(\log(H_n))$越小，则估计越有效，对应的波动率代理越好. 然而，该方法不适用于一般的拟极大似然估计（基于正态分布). 下面我们将针对一般拟极大似然估计来讨论最优波动率代理的选择问题.

已知 $\varepsilon_n^*=Z_{Hn}/\sqrt{EZ_{Hn}^2}$，$Z_{H,n}=H(Z_n(u))$，相应地有

$$\mathrm{Var}(\varepsilon_n^{*2})=\mathrm{Var}\left(\frac{Z_{Hn}^2}{EZ_{Hn}^2}\right)=\frac{EZ_{Hn}^4-(EZ_{Hn}^2)^2}{(EZ_{Hn}^2)^2}=\frac{EZ_{Hn}^4}{(EZ_{Hn}^2)^2}-1\geqslant 0.$$

由(3.9)式易知，$\mathrm{Var}(\varepsilon_n^{*2})$越小，$EZ_{Hn}^4/(EZ_{Hn}^2)^2$ 也越小，相应地，参数估计的渐近方差就越小，因而估计就越准确. 注意到 $H_n=\sigma_nH(Z_n(u))=\sigma_n Z_{Hn}$，且 σ_n 与 Z_{Hn}相互独立，那么

$$EH_n^4=E(\sigma_n^4Z_{Hn}^4)=E(\sigma_n^4)E(Z_{Hn}^4),$$

$$(EH_n^2)^2=[E(\sigma_n^2Z_{Hn}^2)]^2=[E(\sigma_n^2)]^2[E(Z_{Hn}^2)]^2.$$

将上述等式两边对应相除，容易得到

$$\frac{EH_n^4}{(EH_n^2)^2}=\frac{E(\sigma_n^4)E(Z_{Hn}^4)}{[E(\sigma_n^2)]^2[E(Z_{Hn}^2)]^2}=\frac{E(\sigma_n^4)}{[E(\sigma_n^2)]^2}\cdot\frac{E(Z_{Hn}^4)}{[E(Z_{Hn}^2)]^2}=c\cdot\frac{E(Z_{Hn}^4)}{[E(Z_{Hn}^2)]^2},$$

其中 $c=E(\sigma_n^4)/[E(\sigma_n^2)]^2$ 是一个常数. 于是，上述等式的左边变量能够刻画等式右边变量的大小变动. 定义

$$MH_{\text{qmle}} = \frac{EH_n^4}{(EH_n^2)^2}, \tag{3.18}$$

从而，有

$$MH_{\text{qmle}}\text{越小} \leftrightarrow EZ_{Hn}^4/(EZ_{Hn}^2)^2\ \text{越小} \leftrightarrow \text{Var}(\varepsilon_n^{*2})\text{越小}.$$

易见，统计量 MH_{qmle}越小，拟极大似然估计量的渐近方差就越小，因而估计就越准确. 因此，在 QMLE 下寻找最优波动率代理可以归结为寻找最小 MH_{qmle}值的问题.

3.4　数值模拟

本节利用模拟研究来检验 3.2 节所提估计方法的好坏，以参数估计量的偏差、标准差作为评价标准. 为了模拟模型（2.3）~（2.4）中的日内标准随机过程 $Z_n(u)$，我们考虑如下 Ornstein-Uhlenbeck 过程[10]：

$$\mathrm{d}\,Y_n(u) = -\delta(Y_n(u) - \mu_Y)\,\mathrm{d}u + \sigma_Y \mathrm{d}B_n^{(2)}(u),$$

$$\mathrm{d}\,\psi_n(u) = \exp(Y_n(u))\,\mathrm{d}B_n^{(1)}(u),\quad u \in [0,\ 1].$$

其中，$B_n^{(1)}$ 和 $B_n^{(2)}$ 是两个互不相关的布朗运动，$\psi_n(0)=0$，$Y_n(0)$ 可从平稳分布 $N(\mu_Y,\ \sigma_Y^2/2\delta)$ 中随机产生. 将日内时间区间［0，1］等分为 240 个小区间来对应现实交易日中 1 分钟的频率，并设定 $\delta=1/2$，$\sigma_Y=1/4$，$\mu_Y=-1/16$ 来模拟得到离散化的标准过程 $\psi_n(\cdot)$. 为了进一步产生随机过程 $R_n(u)$，(2.4)式中的参数被设定为 $\theta_0=(0.1,\ 0.25,\ 0.6)^T$ 和 $\theta_0=(1,\ 0.2,\ 0.7)^T$ 两种情形.

为了估计参数，波动率代理设为已实现波动率（RV），依次采用 5 分钟、15 分钟、30 分钟的日内时间间隔，得到 $RV5_n$、$RV15_n$ 和 $RV30_n$. 以 5 分钟为例，令 $\{R_n(u_i)\}_{i=1}^{240}$ 为生成的离散化的日内收益率序列，计算 $RV5_n$ 的公式为：

$$H_n = RV5_n = \left(\sum_{i=1}^{48}[R_n(u_{5*i}) - R_n(u_{5*(i-1)})]^2\right)^{1/2},$$

其中，$R_n(u_0)$的值用 $R_n(0)=0$ 表示. 为了比较，我们考虑了波动率代理 $H_n=|r_n|$的情形，这时候的结果对应了传统不引进日内高频信息的参数估计结果. 在模拟过程中，

样本量 $N=500$，1000 和 1500，分别重复 1000 次模拟．对构造的H_n计算 MH_{qmle}的估计值如下：

$$\widehat{MH}_{\text{qmle}} = \frac{N^{-1}\sum_{n=1}^{N} H_n^4}{\left(N^{-1}\sum_{n=1}^{N} H_n^2\right)^2}.$$

在模拟研究中，取 MH_{qmle}的 1000 次估计的均值，作为判断波动率代理是否最优的依据．

表 3.1 和表 3.2 给出了不同波动率代理在不同样本量下的参数估计的偏差（Bias）、标准差（SD）和 MH_{qmle}均值（$\overline{MH}_{\text{qmle}}$）．从表中数据可以看出，在同一样本量下，与$|r_n|$相比，通过 RV 估计得到的参数偏差和标准差有明显变小，并且都随着样本量的增大而逐渐减小．同时，结果显示了上文给出的两种方法估计精度不分上下．比较波动率代理的衡量标准，三种 RV 的 $\overline{MH}_{\text{qmle}}$值均比$|r_n|$小．综合来看，在所考虑模拟例子中，波动率代理的估计效果为：$RV5_n > RV15_n > RV30_n > |r_n|$，与之对应的 $\overline{MH}_{\text{qmle}}$值则依次增大，这与 3.3 节讨论的最优波动率代理选择标准相一致．模拟结果表明，引入日内高频数据的波动率代理模型对参数估计的改进效果良好，有助于提高 GARCH 模型的估计精度．

表 3.1　基于 QMLE 的估计偏差、标准差以及 MH_{qmle}均值，$\theta_0=(0.1,\ 0.25,\ 0.6)^T$

$\theta_0=(0.1,\ 0.25,\ 0.6)^T$			$\lvert r_n \rvert$	$RV5_n$		$RV15_n$		$RV30_n$	
				方法 1	方法 2	方法 1	方法 2	方法 1	方法 2
$N=500$	$\widehat{\kappa}$	Bias	0.0109	−0.0008	0.0001	−0.0001	0.0008	0.0005	0.0013
		SD	0.0470	0.0145	0.0153	0.0168	0.0176	0.0190	0.0198
	$\widehat{\alpha}$	Bias	0.0058	0.0024	0.0045	0.0030	0.0050	0.0038	0.0055
		SD	0.0681	0.0290	0.0298	0.0319	0.0325	0.0356	0.0358
	$\widehat{\beta}$	Bias	−0.0207	−0.0010	−0.0010	−0.0027	−0.0027	−0.0041	−0.0041
		SD	0.1079	0.0335	0.0335	0.0400	0.0400	0.0459	0.0459
	$\overline{MH}_{\text{qmle}}$		5.9846	2.4732		2.6431		2.8845	

（续上表）

$\theta_0=(0.1,\ 0.25,\ 0.6)^T$			$\|r_n\|$	$RV5_n$		$RV15_n$		$RV30_n$	
				方法 1	方法 2	方法 1	方法 2	方法 1	方法 2
$N=1000$	$\hat{\kappa}$	Bias	0.0054	−0.0003	0.0005	0.0001	0.0009	0.0007	0.0014
		SD	0.0296	0.0101	0.0109	0.0113	0.0121	0.0131	0.0137
	$\hat{\alpha}$	Bias	0.0042	0.0006	0.0025	0.0009	0.0028	0.0010	0.0028
		SD	0.0523	0.0209	0.0230	0.0232	0.0251	0.0260	0.0276
	$\hat{\beta}$	Bias	−0.0119	−0.0010	−0.0010	−0.0018	−0.0018	−0.0029	−0.0029
		SD	0.0729	0.0230	0.0230	0.0269	0.0269	0.0321	0.0321
	$\overline{MH}_{\text{qmle}}$		6.9694	2.7461		2.9122		3.1945	
$N=1500$	$\hat{\kappa}$	Bias	0.0038	−0.0002	−0.0001	0.0003	0.0004	0.0005	0.0006
		SD	0.0236	0.0082	0.0088	0.0094	0.0101	0.0107	0.0113
	$\hat{\alpha}$	Bias	−0.0002	0.0005	0.0008	0.0010	0.0013	0.0008	0.0011
		SD	0.0404	0.0171	0.0182	0.0189	0.0197	0.0212	0.0220
	$\hat{\beta}$	Bias	−0.0060	−0.0003	−0.0003	−0.0016	−0.0016	−0.0018	−0.0018
		SD	0.0599	0.0191	0.0191	0.0225	0.0225	0.0267	0.0267
	$\overline{MH}_{\text{qmle}}$		6.6872	2.6069		2.7795		3.0700	

表 3.2　基于 QMLE 的估计偏差、标准差以及 MH_{qmle} 均值，$\theta_0=(1,\ 0.2,\ 0.7)^T$

$\theta_0=(1,\ 0.2,\ 0.7)^T$			$\|r_n\|$	$RV5_n$		$RV15_n$		$RV30_n$	
				方法 1	方法 2	方法 1	方法 2	方法 1	方法 2
$N=500$	$\hat{\kappa}$	Bias	0.2037	0.0139	0.0051	0.0284	0.0199	0.0412	0.0325
		SD	0.5913	0.1673	0.1696	0.1961	0.1978	0.2283	0.2296
	$\hat{\alpha}$	Bias	0.0017	−0.0010	−0.0028	−0.0009	−0.0027	−0.0006	−0.0024
		SD	0.0628	0.0247	0.0250	0.0275	0.0278	0.0307	0.0308
	$\hat{\beta}$	Bias	−0.0274	−0.0043	−0.0043	−0.0060	−0.0060	−0.0077	−0.0077
		SD	0.1019	0.0281	0.0281	0.0335	0.0335	0.0395	0.0395
	$\overline{MH}_{\text{qmle}}$		5.3359	2.1195		2.2729		2.5044	

（续上表）

$\theta_0=(1,\ 0.2,\ 0.7)^T$			$\|r_n\|$	$RV5_n$		$RV15_n$		$RV30_n$	
				方法 1	方法 2	方法 1	方法 2	方法 1	方法 2
$N=1000$	$\widehat{\kappa}$	Bias	0.0698	0.0063	0.0028	0.0101	0.0065	0.0127	0.0087
		SD	0.3286	0.1142	0.1188	0.1320	0.1355	0.1475	0.1503
	$\widehat{\alpha}$	Bias	0.0019	0.0000	−0.0007	−0.0002	−0.0009	0.0001	−0.0007
		SD	0.0425	0.0165	0.0174	0.0183	0.0188	0.0204	0.0208
	$\widehat{\beta}$	Bias	−0.0101	−0.0019	−0.0019	−0.0021	−0.0021	−0.0025	−0.0025
		SD	0.0609	0.0193	0.0193	0.0226	0.0226	0.0257	0.0257
	$\overline{MH}_{\text{qmle}}$		5.9961	2.3240		2.4954		2.7674	
$N=1500$	$\widehat{\kappa}$	Bias	0.0515	0.0035	−0.0008	0.0041	−0.0006	0.0085	0.0038
		SD	0.2611	0.0904	0.0941	0.1018	0.1038	0.1195	0.1217
	$\widehat{\alpha}$	Bias	0.0009	0.0007	−0.0002	0.0008	−0.0001	0.0007	−0.0002
		SD	0.0343	0.0135	0.0146	0.0150	0.0158	0.0168	0.0175
	$\widehat{\beta}$	Bias	−0.0067	−0.0016	−0.0016	−0.0017	−0.0017	−0.0021	−0.0021
		SD	0.0471	0.0156	0.0156	0.0179	0.0179	0.0209	0.0209
	$\overline{MH}_{\text{qmle}}$		6.3767	2.4174		2.6045		2.8623	

3.5　实证研究

在这一节里，我们把所提方法应用到实际数据上来. 研究对象是 2017 年 9 月 1 日到 2019 年 7 月 12 日的沪深 300 指数. 数据由沪深 300 指数的 1 分钟间隔的收盘价格组成，每天有 241 个观测值，共包含 466 个交易日. 记价格序列为 $\{P_n(u),\ n\in[0,466],\ u\in[0,1]\}$，定义第 n 天 u 时刻的日内对数收益率为

$$R_n(u)=[\log P_n(u)-\log P_{n-1}(1)]\times 100.$$

图 3.1 给出了 $R_n(u)$ 的时间序列图. 为了估计模型，选择已实现波动率作为波动率代理，选取 1 分钟、5 分钟、10 分钟、15 分钟、30 分钟的采样频率，相应的已实现波动

率分别记为 $RV1_n$、$RV5_n$、$RV10_n$、$RV15_n$ 和 $RV30_n$. 类似于数值模拟部分，为了比较，我们选择波动率代理 $H_n = |r_n|$ 作为参照. 图 3.2 给出了不同波动率代理的时序图.

运用 3.2 节讨论的方法，由日间收益、不同频率的 RV 对 GARCH(1, 1) 模型的参数进行估计. 为了更好地评价估计量的优劣，这里计算了估计量的渐近标准差（AD）来做比较. 当 $H_n = |r_n|$，由（3.8）式可计算出参数估计的渐近标准差. 对其他波动率代理，则分别基于（3.11）~（3.13）式、（3.15）~（3.17）式来计算两种方法下参数估计的渐近标准差. 表 3.3 列出了基于不同波动率代理的 GARCH(1, 1) 模型的 QMLE 的参数估计、估计的渐近标准差、代理的 MH_{qmle} 估计值，以及模型的 $\text{Var}(\varepsilon_n^{*2})$ 的估计值.

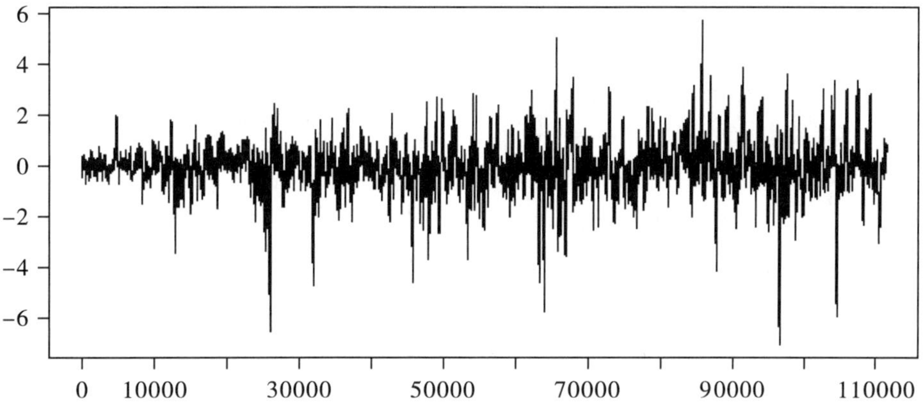

图 3.1　沪深 300 指数的 1 分钟收益率序列图

表 3.3　基于不同波动率代理和 QMLE 的 GARCH(1, 1) 模型的参数估计

H_n	方法	$\hat{\kappa}$	$\hat{\alpha}$	$\hat{\beta}$	AD($\hat{\kappa}$)	AD($\hat{\alpha}$)	AD($\hat{\beta}$)	$\widehat{MH}_{\text{qmle}}$	$\widehat{\text{Var}}(\varepsilon_n^{*2})$
$\lvert r_n \rvert$		0.0297	0.1204	0.8795	0.0246	0.0410	0.0400	5.5620	3.8546
$RV1_n$	1	0.0259	0.0668	0.9232	0.0202	0.0235	0.0288	3.9324	2.9292
	2	0.0246	0.0634	0.9232	0.0195	0.0211	0.0288		
$RV5_n$	1	0.1168	0.1194	0.8218	0.0535	0.0401	0.0573	3.3906	2.2840
	2	0.1135	0.1161	0.8218	0.0523	0.0359	0.0573		
$RV10_n$	1	0.1219	0.1153	0.8214	0.0542	0.0383	0.0569	3.2980	2.1279
	2	0.1196	0.1131	0.8214	0.0535	0.0347	0.0569		

（续上表）

H_n	方法	$\widehat{\kappa}$	$\widehat{\alpha}$	$\widehat{\beta}$	AD($\widehat{\kappa}$)	AD($\widehat{\alpha}$)	AD($\widehat{\beta}$)	$\widehat{MH}_{qmle}$	$\widehat{Var}(\varepsilon_n^{*2})$
$RV15_n$	1	0. 1042	0. 1144	0. 8341	0. 0444	0. 0350	0. 0487	2. 9826	1. 9171
	2	0. 1008	0. 1107	0. 8341	0. 0432	0. 0312	0. 0487		
$RV30_n$	1	0. 1121	0. 1118	0. 8307	0. 0486	0. 0357	0. 0520	3. 2026	1. 9876
	2	0. 1096	0. 1092	0. 8307	0. 0478	0. 0323	0. 0520		

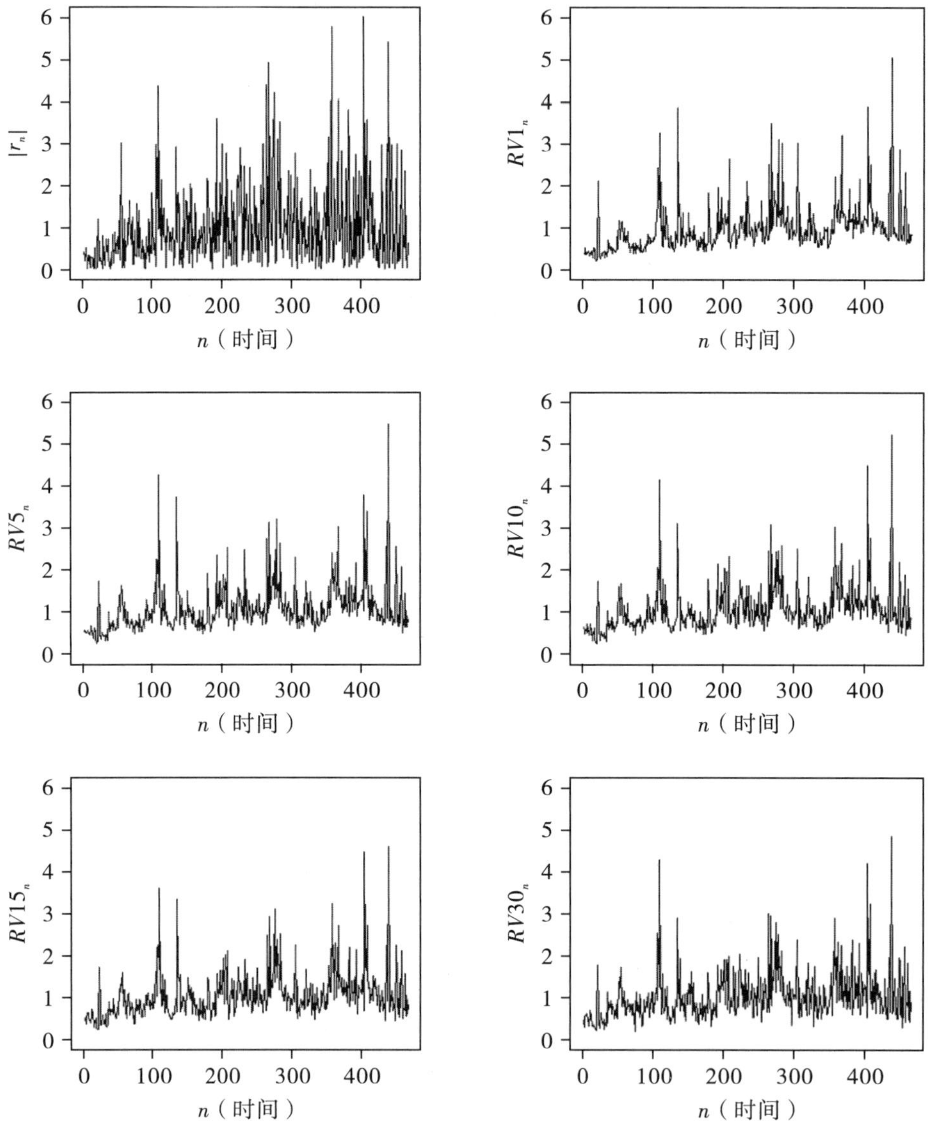

图 3. 2　不同波动率代理的时序图

从表 3.3 可以观察到，代理 $RV15_n$ 的 $\widehat{MH}_{\mathrm{qmle}}$ 值最小，对应模型的 $\widehat{\mathrm{Var}}(\varepsilon_n^{*2})$ 也最小，这与本章理论结果一致. 因而 $RV15_n$ 估计的结果应作为最终参数的估计结果. 以代理 $|r_n|$ 的结果作为对照，可以看出 $|r_n|$ 和 $RV1_n$ 对应模型的参数估计中，估计量 $\widehat{\kappa}$ 是不显著的，而其他波动率代理对应模型的参数估计均显著不为 0. 对比 $RV15_n$ 与 $|r_n|$ 对应模型的估计结果，两者模型中参数 $\widehat{\beta}$ 的渐近方差相差不多，$RV15_n$ 对应的 $\widehat{\alpha}$ 的渐近方差略小，由于 $|r_n|$ 对应的估计量 $\widehat{\kappa}$ 不显著，所以比较 $\widehat{\kappa}$ 的渐近方差没有意义.

由表 3.3，当波动率代理为 $|r_n|$ 时，拟合沪深 300 指数的 GARCH(1，1) 模型为

$$r_n = \sigma_n \varepsilon_n,$$

$$\sigma_n^2 = 0.0297 + 0.1204 r_{n-1}^2 + 0.8795 \sigma_{n-1}^2. \tag{3.19}$$

当波动率代理为 $RV15_n$ 时，两种估计方法拟合得到的模型分别为

$$r_n = \sigma_n \varepsilon_n,$$

$$\sigma_n^2 = 0.1042 + 0.1144 r_{n-1}^2 + 0.8341 \sigma_{n-1}^2 \tag{3.20}$$

和

$$r_n = \sigma_n \varepsilon_n,$$

$$\sigma_n^2 = 0.1008 + 0.1107 r_{n-1}^2 + 0.8341 \sigma_{n-1}^2. \tag{3.21}$$

为进一步比较 $|r_n|$ 和 $RV15_n$ 对应模型的估计效果，基于表 3.3 中的渐近方差分别计算参数估计量 95% 的置信区间，记下限为 $\widehat{\theta}_L = (\widehat{\kappa}_L, \widehat{\alpha}_L, \widehat{\beta}_L)^T$，上限为 $\widehat{\theta}_U = (\widehat{\kappa}_U, \widehat{\alpha}_U, \widehat{\beta}_U)^T$. 进而计算

$$\sigma_{Ln}^2 = \widehat{\kappa}_L + \widehat{\alpha}_L r_{n-1}^2 + \widehat{\beta}_L \sigma_{L,n-1}^2,\ \sigma_{Un}^2 = \widehat{\kappa}_U + \widehat{\alpha}_U r_{n-1}^2 + \widehat{\beta}_U \sigma_{U,n-1}^2.$$

为便于对照，我们把基于方程（3.19）和（3.20）算出的 σ_n^2，σ_{Ln}^2 和 σ_{Un}^2 画在图 3.3 中，把基于方程（3.19）和（3.21）算出的 σ_n^2，σ_{Ln}^2 和 σ_{Un}^2 画在图 3.4 中. 易见，在不同模型下，σ_n^2 的估计趋势基本相同，然而模型（3.20）和模型（3.21）估计的区间 $[\sigma_{Ln}^2, \sigma_{Un}^2]$ 比模型（3.19）的明显更窄，因而效果更好.

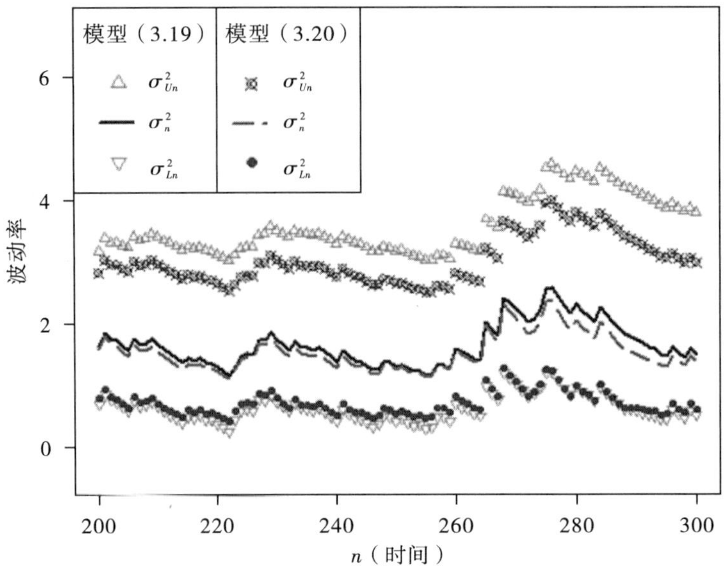

图 3.3　模型（3.19）和模型（3.20）的波动率估计趋势图

注：模型（3.19）估计出的 σ_n^2 用实线表示，σ_{Ln}^2 和 σ_{Un}^2 用三角形表示；模型（3.20）估计出的 σ_n^2 用虚线表示，σ_{Ln}^2 和 σ_{Un}^2 用圆点表示.

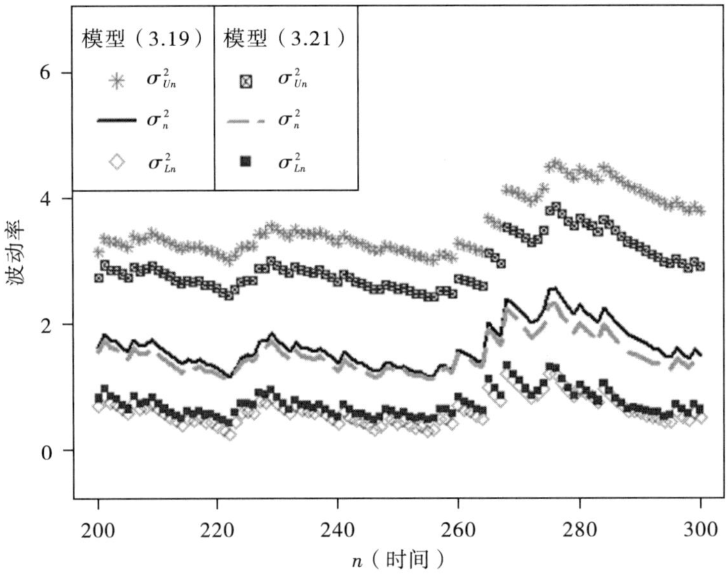

图 3.4　模型（3.19）和模型（3.21）的波动率估计趋势图

注：模型（3.19）估计出的 σ_n^2 用实线表示，σ_{Ln}^2 和 σ_{Un}^2 用星号与菱形表示；模型（3.21）估计出的 σ_n^2 用虚线表示，σ_{Ln}^2 和 σ_{Un}^2 用方块表示.

3.6　本章小结

本章我们在已有波动率代理模型的基础上，通过高斯拟极大似然估计，讨论了 GARCH 模型全部参数估计的两步估计法，避免了传统 GARCH 模型常数项需预先设定的限制，这一突破使得模型参数估计更加灵活．数值模拟和实证研究均表明，高频数据的引入有助于提高日频 GARCH 模型参数 QMLE 的估计精度，有助于计算更为准确的波动率．此外，针对高斯拟极大似然估计法，我们还讨论了最优波动率代理的选择方法，这一方法为我们应用日内高频数据提供了一个确定最优抽样频率的便捷方法．

第 4 章 基于高频数据的 GARCH 模型拟极大指数似然估计

实际建模中，为了获得模型的参数估计及估计的渐近性质，往往需要设定许多限制条件，其中模型残差矩条件就是模型参数估计中的一个重要条件. 拟极大似然估计是一种常用的参数估计法，但需要假设模型残差四阶矩有限. 然而，现实中，残差四阶矩有限的假设经常难以满足，这就需要我们适当放宽残差矩条件. 本章我们在残差二阶矩有限的条件下，讨论基于高频数据的 GARCH 模型的拟极大指数似然估计（QMELE）两步估计法[42]，该估计法无须假定模型常数项为已知. 此外，还将讨论针对拟极大指数似然估计法的最优波动率代理选择方法.

4.1 模型建立

QMELE 与 QMLE 均是模型参数估计常用的方法，但两种方法对模型残差矩条件的要求并不相同. 若采用 QMELE 来估计 GARCH 方程（2.2）中的参数 $\theta=(\kappa,\ \alpha,\ \beta)^T$，则只需残差项的二阶矩有限，一阶绝对矩存在. 对于日频 GARCH 模型（2.1）~（2.2），假设残差 ε_n 满足 $E|\varepsilon_n|=1$. 对于尺度模型（2.13）~（2.14），假设残差 $\psi_n(u)$ 满足 $E|\psi_n(1)|=1$，即 $E|Z_{Hn}|=1$. 重新考虑第 2 章中的波动率代理模型（2.13）~（2.14），假设 $\nu_H\equiv E|Z_{Hn}|$，令 $e_n^*=Z_{Hn}/\nu_H$，则 e_n^* 也是 $i.i.d.$ 随机变量序列且 $Ee_n^*=1$. 那么模型（2.13）~（2.14）可表示为

$$H_n=\sigma_n Z_{Hn}=\sigma_n\nu_H\cdot e_n^*,\tag{4.1}$$

$$\sigma_n^2=\kappa+\alpha r_{n-1}^2+\beta\sigma_{n-1}^2.\tag{4.2}$$

易见，上述模型多出了一个未知参数 ν_H，无法直接利用 QMELE 进行参数估计，因此我们需要对模型进行变形. 令 $\sigma_n^*=\sigma_n\nu_H$，则模型（4.1）~（4.2）可改写为

$$H_n = \sigma_n^* e_n^*, \tag{4.3}$$

$$\sigma_n^{*2} = \kappa^* + \alpha^* r_{n-1}^2 + \beta^* \sigma_{n-1}^{*2}. \tag{4.4}$$

容易看出模型（4.3）~（4.4）可以利用 QMELE 给出参数估计，且有如下关系式成立：

$$\kappa^* = \kappa\nu_H^2,\ \alpha^* = \alpha\nu_H^2. \tag{4.5}$$

当波动率代理 $H_n = |r_n|$时，$\nu_H = 1$，$\sigma_n^* = \sigma_n$，此时模型（4.3）~（4.4）等价于模型（2.1）~（2.2）. 因此，日频 GARCH 模型是波动率代理模型（4.3）~（4.4）的特例. 我们可以使用两步法来获得 GARCH 模型的参数估计：先根据模型（4.3）~（4.4）估计参数 $\theta^* = (\kappa^*, \alpha^*, \beta^*)^T$，然后结合（4.2）式和（4.5）式最终获得参数 $\theta = (\kappa, \alpha, \beta)^T$ 的估计. 具体细节在下一节给出.

4.2　拟极大指数似然估计

首先，采用拟极大指数似然方法对模型（4.3）~（4.4）进行估计，令参数向量为 $\theta^* = (\kappa^*, \alpha^*, \beta^*)^T$，记 $\theta_0^* = (\kappa_0^*, \alpha_0^*, \beta_0^*)^T$ 为相应的参数真值向量. 基于标准双指数分布可得到如下模型（4.3）~（4.4）的拟对数似然函数和 θ^* 的 QMELE（记为 $\widehat{\theta}^*$）：

$$L_N(\theta^*) = \frac{1}{N}\sum_{n=1}^{N} l_n(\theta^*),\ l_n(\theta^*) = \log\sigma_n^*(\theta^*) + \frac{|H_n|}{\sigma_n^*(\theta^*)}, \tag{4.6}$$

$$\widehat{\theta}^* = \arg\min_{\theta^* \in \Theta} L_N(\theta^*). \tag{4.7}$$

为了得到 $\widehat{\theta}^*$ 的渐近性质，需要以下假设条件：

（D1）θ^* 的参数空间 $\Theta \subset (0, \infty)^3$，$\Theta$ 是一个紧集，θ_0^* 是 Θ 的内点；

（D2）$E|e_n^*| = 1$，且 $Ee_n^{*2} < \infty$；

（D3）$E\log(\alpha_0^* e_n^{*2} + \beta_0^*) < 0$.

基于上述假设条件，借鉴黄金山和陈敏（2014）[11] 的类似证明，容易得到 $\widehat{\theta}^*$ 的如下渐近结果：

$$\sqrt{N}\ (\widehat{\theta}^* - \theta_0^*)\ \xrightarrow{L} N\ (0,\ \Omega^*),\ N \to \infty, \tag{4.8}$$

其中，

$$\Omega^* = 4(Ee_n^{*2} - 1)G(\theta_0^*)^{-1},\ G(\theta_0^*) = E\left(\frac{1}{\sigma_n^{*4}(\theta_0^*)}\frac{\partial\sigma_n^{*2}(\theta_0^*)}{\partial\theta^*}\frac{\partial\sigma_n^{*2}(\theta_0^*)}{\partial\theta^{*\prime}}\right). \tag{4.9}$$

矩阵 $G(\theta^*)$的元素与 $\sigma_n^{*2}(\theta^*)$关于 θ^* 的一阶偏导数有关，具体有

$$\sigma_n^{*2} = \kappa^* + \alpha^* r_{n-1}^2 + \beta^* \sigma_{n-1}^{*2} = \frac{\kappa^*}{1-\beta^*} + \alpha^* \sum_{i=0}^{\infty} (\beta^*)^i r_{n-i-1}^2,$$

$$\frac{\partial\sigma_n^{*2}}{\partial\theta^*} = \left(\frac{\partial\sigma_n^{*2}}{\partial\kappa^*},\frac{\partial\sigma_n^{*2}}{\partial\alpha^*},\frac{\partial\sigma_n^{*2}}{\partial\beta^*}\right)^T = \left(\frac{1}{1-\beta^*},\sum_{i=1}^{\infty}(\beta^*)^{i-1}r_{n-i}^2,\sum_{i=1}^{\infty}(\beta^*)^{i-1}\sigma_{n-i}^{*2}\right)^T.$$

已知 $\kappa = \kappa^*/\nu_H^2$，$\alpha = \alpha^*/\nu_H^2$，$\beta^* = \beta$，给定$\{H_n\}$，利用 QMELE 取得 θ^* 的估计值 $\widehat{\theta}^*$ 后，如果可以估计出 ν_H^2，则可进一步估计出 κ、α. 基于 $\widehat{\theta}^*$，由模型（4.4）可得拟合的$\{\widehat{\sigma_n}^{*2}\}$ 序列. 另外，易知日收益的绝对值是一个特殊的波动率代理，即 $H_n = |r_n|$，利用该波动率代理，基于（4.6）得到的估计量实际上是模型（2.1）~（2.2）的参数估计，记为 $\tilde{\theta} = (\tilde{\kappa},\ \tilde{\alpha},\ \tilde{\beta})^T$. 基于 $\tilde{\theta}$ 和模型（2.1）~（2.2）可以得到拟合的$\{\widetilde{\sigma_n^2}\}$序列. 根据 $\sigma_n^* = \sigma_n \nu_H$，即 $\nu_H^2 = \sigma_n^{*2}/\sigma_n^2$，可得 ν_H^2 的估计如下：

$$\widehat{\nu_H^2} = \frac{1}{N}\sum_{n=1}^{N}\frac{\widehat{\sigma_n}^{*2}}{\widetilde{\sigma_n^2}}.$$

从而，由（4.5）式得到 GARCH 模型（2.1）~（2.2）的参数估计如下：

$$\widehat{\kappa} = \frac{\widehat{\kappa^*}}{\widehat{\nu_H^2}},\ \widehat{\alpha} = \frac{\widehat{\alpha^*}}{\widehat{\nu_H^2}},\ \widehat{\beta} = \widehat{\beta}^*. \tag{4.10}$$

令 $\widehat{\theta} = (\widehat{\kappa},\ \widehat{\alpha},\ \widehat{\beta})^T$. $\sigma_{\kappa^*}^2$，$\sigma_{\alpha^*}^2$，$\sigma_{\beta^*}^2$ 为基于（4.8）式得到的κ^*，α^*，β^* 估计的渐近方差，基于（4.8）式和（4.9）式不难证明如下渐近结果：

$$\begin{aligned}
&\sqrt{N}(\widehat{\kappa} - \omega_0)\ \xrightarrow{L} N\left(0,\ \frac{\sigma_{\kappa^*}^2}{v_H^4}\right),\\
&\sqrt{N}(\widehat{\alpha} - \alpha_0)\ \xrightarrow{L} N\left(0,\ \frac{\sigma_{\alpha^*}^2}{v_H^4}\right),\\
&\sqrt{N}(\widehat{\beta} - \beta_0)\ \xrightarrow{L} N\ (0,\ \sigma_{\beta^*}^2).
\end{aligned} \tag{4.11}$$

4.3　最优波动率代理选择

Visser (2011)[10]给出的波动率代理选择方法仅针对对数正态拟极大似然估计量，因而也不适用于 QMELE 方法. 为了得到基于 QMELE 的波动率代理选择标准，我们可以依据 3.3 节中同样的推导思想，从渐近分布角度出发，来得到 QMELE 方法下的选择标准.

由 (4.9) 式可知，当 Ee_n^{*2} 越小，参数估计的渐近方差就越小，即估计越有效. 已知 $e_n^* = Z_{Hn}/\nu_H = Z_{Hn}/EZ_{Hn}$，可得

$$Ee_n^{*2} = E\left(\frac{Z_{Hn}}{EZ_{Hn}}\right)^2 = \frac{EZ_{Hn}^2}{(EZ_{Hn})^2} \geqslant 0,$$

于是，将目标转化为希望 $EZ_{Hn}^2/(EZ_{Hn})^2$ 越小越好. 由于 Z_{Hn} 是不可观测的，无法直接计算 Ee_n^{*2}. 考虑到 $H_n = \sigma_n H(Z_n(u)) = \sigma_n Z_{Hn}$，且 σ_n 与 Z_{Hn} 相互独立，有

$$EH_n^2 = E\,(\sigma_n Z_{Hn})^2 = E\sigma_n^2 \cdot EZ_{Hn}^2,$$

$$(EH_n)^2 = [E(\sigma_n Z_{Hn})]^2 = (E\sigma_n)^2 (EZ_{Hn})^2.$$

再将上述等式两边对应相除，即得

$$\frac{EH_n^2}{(EH_n)^2} = \frac{E\sigma_n^2 \cdot EZ_{Hn}^2}{(E\sigma_n)^2\,(EZ_{Hn})^2} = c \cdot \frac{EZ_{Hn}^2}{(EZ_{Hn})^2},$$

其中 $c = E\sigma_n^2/(E\sigma_n)^2$ 为一常数. 因此，可以用上述方程式的左边来描述方程式右边的大小变化.

对波动率代理，定义

$$MH_{\text{qmele}} = \frac{EH_n^2}{(EH_n)^2}, \tag{4.12}$$

从而有

$$MH_{\text{qmele}}\text{越小} \leftrightarrow EZ_{Hn}^2/(EZ_{Hn})^2\text{越小} \leftrightarrow Ee_n^{*2}\text{越小}.$$

因此，MH_{qmele} 越小，拟极大指数似然估计量的渐近方差越小，因而估计越准确. 因此 QMELE 下寻找最优波动率代理可以归结为寻找最小 MH_{qmele} 值的问题.

4.4　数值模拟

本节通过数值模拟来检验 4.2 节所提参数估计方法的性质. 我们通过参数估计的偏差和标准差来评价估计效果. 日内高频收益率过程 $R_n(u)$ 由模型（2.3）~（2.4）来生成. 同样借鉴 Visser（2011）[10] 的方法，我们依据以下 Ornstein-Uhlenbeck 过程产生日内的标准过程 $\psi_n(\cdot)$：

$$\mathrm{d}Y_n(u) = -\delta(Y_n(u) - \mu_Y)\mathrm{d}u + \sigma_Y \mathrm{d}B_n^{(2)}(u), \tag{4.13}$$

$$\mathrm{d}\psi_n(u) = \exp(Y_n(u))\mathrm{d}B_n^{(1)}(u),\ u \in [0,\ 1], \tag{4.14}$$

$$m = E|\psi_n(1)|,\ Z_n(u) = \frac{\psi_n(u)}{m}, \tag{4.15}$$

其中，$B_n^{(1)}$ 和 $B_n^{(2)}$ 是两个不相关的布朗运动，$Y_n(u) \sim N(\mu_Y,\ \sigma_Y^2/2\delta)$. 令

$$\delta = 1/2,\ \mu_Y = -1/16,\ \sigma_Y = 1/4.$$

并设定初值 $\psi_n(0) = 0$，$Y_n(0)$ 从 $Y_n(u)$ 的平稳分布中随机抽取. 对于(4.15)，取 $\widehat{m} = N^{-1}\sum_{n=1}^{N}|\psi_n(1)|$ 进行标准化，以使得 $\psi_n(\cdot)$ 满足矩条件 $E|\psi_n(1)| = 1$. 同时，取 $\mathrm{d}u = 1/240$ 来对上述连续过程进行离散化，这对应了实际股市交易中的 1 分钟频率的日内时间间隔. 模型(2.4)的参数真值取为 $\theta_0 = (1,\ 0.2,\ 0.7)^T$ 和 $\theta_0 = (0.1,\ 0.3,\ 0.6)^T$. 样本量为 $N = 500$，1000 和 1500，分别重复 1000 次模拟.

选取已实现波动率（RV）作为波动率代理，这里分别取 5 分钟、15 分钟和 30 分钟的采样频率，即 $H_n = RV5_n$，$RV15_n$，$RV30_n$. 令 $\{R_n(u_i)\}_{i=1}^{240}$ 为生成的离散化的日内收益率序列，$RV5_n$ 的计算方式如下：

$$H_n = RV5_n = \left(\sum_{i=1}^{48}[R(u_{5*i}) - R_n(u_{5*(i-1)})]^2\right)^{1/2},$$

其中，$R_n(u_0)=R_n(0)=0$. $RV15_n$ 和 $RV30_n$ 的计算方法类似. 为了判断引入高频数据的估计是否更优，取 $H_n=|R_n(1)|=|r_n|$作为对比，即与传统的没有利用高频数据的参数估计作对比. 对所选的波动率代理，计算 MH_{qmele} 的估计值如下：

$$\widehat{MH}_{\text{qmele}}=\frac{N^{-1}\sum_{n=1}^{N}H_n^2}{\left(N^{-1}\sum_{n=1}^{N}H_n\right)^2}.$$

最后取 1000 次模拟的平均值，以此来评价波动率代理是否最优. 基于不同波动率代理的参数估计的偏差(Bias)、标准差(SD)以及 MH_{qmele} 均值($\overline{MH}_{\text{qmele}}$)如表 4.1 和表 4.2 所示.

表 4.1　基于 QMELE 的估计偏差、标准差及 MH_{qmele} 均值，$\theta_0=(1,\ 0.2,\ 0.7)^T$

$\theta_0=(1,\ 0.2,\ 0.7)^T$			$\vert r_n\vert$	$RV5_n$	$RV15_n$	$RV30_n$
$N=500$	$\widehat{\kappa}$	Bias	0.4614	0.1157	0.1307	0.1505
		SD	0.6258	0.1909	0.2164	0.2447
	$\widehat{\alpha}$	Bias	0.0209	0.0187	0.0191	0.0192
		SD	0.0492	0.0233	0.0246	0.0269
	$\widehat{\beta}$	Bias	−0.0406	−0.0264	−0.0274	−0.0282
		SD	0.0575	0.0267	0.0284	0.0305
	$\overline{MH}_{\text{qmele}}$		2.8490	1.9864	2.0235	2.0779
$N=1000$	$\widehat{\kappa}$	Bias	0.2256	0.0942	0.1034	0.1141
		SD	0.3832	0.1330	0.1468	0.1635
	$\widehat{\alpha}$	Bias	0.0146	0.0134	0.0137	0.0140
		SD	0.0324	0.0165	0.0173	0.0189
	$\widehat{\beta}$	Bias	−0.0243	−0.0188	−0.0194	−0.0201
		SD	0.0382	0.0195	0.0204	0.0220
	$\overline{MH}_{\text{qmele}}$		3.6093	2.5312	2.5712	2.6373

（续上表）

$\theta_0=(1, 0.2, 0.7)^T$			$\|r_n\|$	$RV5_n$	$RV15_n$	$RV30_n$
$N=1500$	$\hat{\kappa}$	Bias	0.1682	0.0763	0.0789	0.0869
		SD	0.2937	0.1150	0.1261	0.1392
	$\hat{\alpha}$	Bias	0.0140	0.0116	0.0116	0.0116
		SD	0.0274	0.0142	0.0148	0.0158
	$\hat{\beta}$	Bias	-0.0213	-0.0157	-0.0159	-0.0161
		SD	0.0320	0.0172	0.0180	0.0191
	$\overline{MH}_{\text{qmele}}$		4.3510	3.0582	3.1116	3.1831

表 4.2 基于 QMELE 的估计偏差、标准差及 MH_{qmele} 均值，$\theta_0=(0.1, 0.3, 0.6)^T$

$\theta_0=(0.1, 0.3, 0.6)^T$			$\|r_n\|$	$RV5_n$	$RV15_n$	$RV30_n$
$N=500$	$\hat{\kappa}$	Bias	0.0339	0.0092	0.0109	0.0123
		SD	0.0528	0.0188	0.0214	0.0239
	$\hat{\alpha}$	Bias	0.0129	0.0136	0.0136	0.0135
		SD	0.0603	0.0311	0.0331	0.0350
	$\hat{\beta}$	Bias	-0.0246	-0.0183	-0.0190	-0.0193
		SD	0.0581	0.0310	0.0331	0.0349
	$\overline{MH}_{\text{qmele}}$		4.0399	2.9696	3.0118	3.0794
$N=1000$	$\hat{\kappa}$	Bias	0.0195	0.0094	0.0101	0.0104
		SD	0.0345	0.0154	0.0167	0.0179
	$\hat{\alpha}$	Bias	0.0183	0.0174	0.0174	0.0177
		SD	0.0479	0.0288	0.0296	0.0309
	$\hat{\beta}$	Bias	-0.0237	-0.0203	-0.0205	-0.0208
		SD	0.0445	0.0282	0.0289	0.0299
	$\overline{MH}_{\text{qmele}}$		6.3007	4.6829	4.7525	4.8493

（续上表）

$\theta_0=(0.1, 0.3, 0.6)^T$			$\|r_n\|$	$RV5_n$	$RV15_n$	$RV30_n$
$N=1500$	$\widehat{\kappa}$	Bias	0.0147	0.0074	0.0076	0.0083
		SD	0.0271	0.0118	0.0126	0.0138
	$\widehat{\alpha}$	Bias	0.0151	0.0148	0.0149	0.0150
		SD	0.0365	0.0229	0.0238	0.0244
	$\widehat{\beta}$	Bias	−0.0193	−0.0169	−0.0171	−0.0174
		SD	0.0345	0.0226	0.0232	0.0238
	$\overline{MH}_{\text{qmele}}$		7.9462	5.9242	5.9969	6.1411

由表 4.1 和表 4.2 可以看出，所有参数估计的 Bias 和 SD 都随着样本量的增加而逐渐减小. 在相同样本量下，3 种已实现波动率对应模型参数估计的 Bias 和 SD 整体上比 $|r_n|$的更小，其中 SD 减小得更明显，且在较小样本量下，基于高频的已实现波动率的估计方法更有优势. 再比较波动率代理的选择标准，$RV5_n$、$RV15_n$ 和 $RV30_n$ 的$\overline{MH}_{\text{qmele}}$值均比$|r_n|$的小. 综合来看，这 4 种波动率代理的估计效果为：$RV5_n > RV15_n > RV30_n > |r_n|$，相应的$\overline{MH}_{\text{qmele}}$值则越来越大，这符合我们的理论及预期效果. 模拟结果说明，通过基于高频数据的波动率代理，可以提高日频 GARCH 模型参数 QMELE 的估计精度.

4.5　实证研究

在这一节中，我们将本章所提的 QMELE 方法应用到 2017 年 9 月 1 日至 2019 年 7 月 12 日的沪深 300 指数高频数据的 GARCH 建模上来. 为了估计模型参数，同样考虑已实现波动率作为波动率代理，依次按照 1 分钟、5 分钟、10 分钟、15 分钟和 30 分钟的日内时间间隔，构造代理 $RV1_n$、$RV5_n$、$RV10_n$、$RV15_n$ 和 $RV30_n$. 与数值模拟部分类似，以代理 $H_n=|r_n|$的估计结果作为对照.

根据 4.2 节讨论的方法，通过日间收益和不同频率的已实现波动率来估计 GARCH (1，1) 模型参数. 我们利用估计量的渐近标准差（AD）来评价不同波动率代理下的模型参数估计效果. 对于 $H_n=|r_n|$的参数估计，由（4.8）式计算其渐近标准差. 对于其他代理，则由（4.11）式计算参数估计的渐近标准差. 表 4.3 列出了基于不同波动

率代理和 QMELE 的参数估计值、估计的渐近标准差、MH_{qmele}估计值以及 Ee_n^{*2} 的估计值.

由表 4.3 可以发现，$RV15_n$有最小的$\widehat{MH}_{\mathrm{qmle}}$值，同时也有最小的 Ee_n^{*2} 估计值，这与本章的理论结果一致. 尽管 $RV10_n$ 的估计值及$\widehat{MH}_{\mathrm{qmele}}$值与 $RV15_n$ 较为接近，但估计的渐近标准差略逊于 $RV15_n$. 因此选择 $RV15_n$ 的估计结果作为 GARCH 模型的最终参数估计结果. 此外，通过对比发现，5 种已实现波动率代理下各参数估计的渐近标准差都比 $|r_n|$的小. 其中$|r_n|$和 $RV1_n$ 对应的估计量 $\widehat{\kappa}$ 的显著性较差，而其余波动率代理的参数估计量都显著不为 0.

表 4.3　不同波动率代理下的 GARCH(1，1) 模型参数的 QMELE

H_n	$\widehat{\kappa}$	$\widehat{\alpha}$	$\widehat{\beta}$	AD($\widehat{\kappa}$)	AD($\widehat{\alpha}$)	AD($\widehat{\beta}$)	$\widehat{MH}_{\mathrm{qmele}}$	$\widehat{Ee}_n^{*2}$
$\|r_n\|$	0.0318	0.0704	0.8521	0.0203	0.0219	0.0451	1.9560	1.8139
$RV1_n$	0.0237	0.0599	0.8774	0.0095	0.0114	0.0232	1.3446	1.2731
$RV5_n$	0.0590	0.0683	0.8247	0.0168	0.0133	0.0330	1.2771	1.2129
$RV10_n$	0.0637	0.0635	0.8261	0.0182	0.0129	0.0343	1.2687	1.2077
$RV15_n$	0.0578	0.0676	0.8273	0.0161	0.0129	0.0318	1.2672	1.2027
$RV30_n$	0.0593	0.0621	0.8331	0.0187	0.0136	0.0357	1.3119	1.2477

根据表 4.3 的结果，基于波动率代理$|r_n|$的估计得到的模型为：

$$r_n = \sigma_n \varepsilon_n,$$
$$\sigma_n^2 = 0.0318 + 0.0704 r_{n-1}^2 + 0.8521 \sigma_{n-1}^2. \tag{4.16}$$

基于波动率代理 $RV15_n$ 的估计得到的模型为：

$$r_n = \sigma_n \varepsilon_n,$$
$$\sigma_n^2 = 0.0578 + 0.0676 r_{n-1}^2 + 0.8273 \sigma_{n-1}^2. \tag{4.17}$$

为进一步比较这两个波动率代理模型的估计效果，我们还构造了参数估计量 95% 的置信区间. 根据表 4.3 中的渐近标准差，计算出模型参数估计的上限 $\widehat{\theta}_U = (\widehat{\kappa}_U, \widehat{\alpha}_U, \widehat{\beta}_U)^T$ 和下限 $\widehat{\theta}_L = (\widehat{\kappa}_L, \widehat{\alpha}_L, \widehat{\beta}_L)^T$，进而由 $\widehat{\theta}_U$ 和 $\widehat{\theta}_L$ 计算波动的上限和下限：

$$\sigma_{Un}^2 = \widehat{\kappa}_U + \widehat{\alpha}_U r_{n-1}^2 + \widehat{\beta}_U \sigma_{n-1}^2, \quad \sigma_{Ln}^2 = \widehat{\kappa}_L + \widehat{\alpha}_L r_{n-1}^2 + \widehat{\beta}_L \sigma_{n-1}^2.$$

最后，将基于方程（4.16）和方程（4.17）计算的 σ_n^2，σ_{Ln}^2 和 σ_{Un}^2 画在同一张图中进行比较. 如图 4.1 所示，两个模型下的 σ_n^2 估计曲线呈现出大致相同的变化趋势，但模型（4.17）估计的波动置信区间明显比模型（4.16）的窄，即模型（4.17）的估计效果更好，表明高频数据的引入提高了日频 GARCH 模型的 QMELE 的有效性以及波动率估计的准确性.

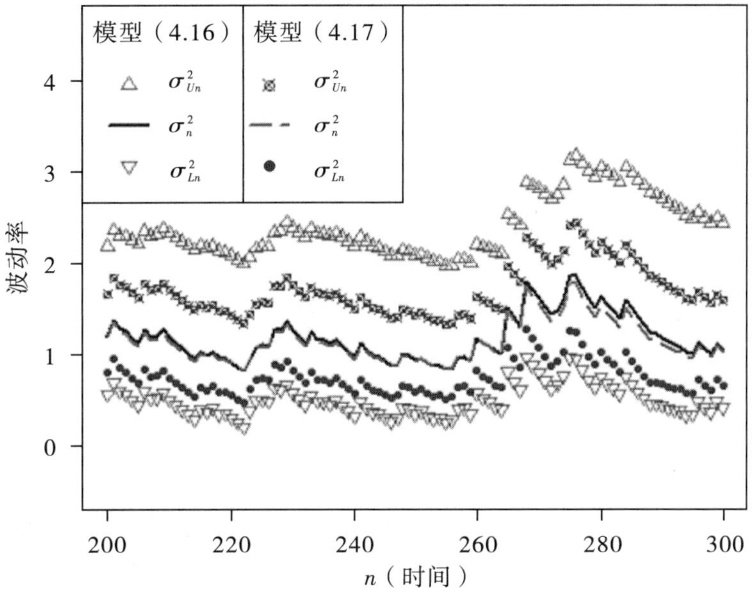

图 4.1　模型（4.16）和模型（4.17）的波动率估计趋势图

注：模型（4.16）估计出的 σ_n^2 用实线表示，σ_{Ln}^2 和 σ_{Un}^2 用三角形表示；模型（4.17）估计出的 σ_n^2 用虚线表示，σ_{Ln}^2 和 σ_{Un}^2 用圆点表示.

4.6　本章小结

本章介绍了如何利用日内高频数据来估计日频 GARCH 模型参数的 QMELE 两步估计法. 该方法避免了传统 GARCH 模型参数估计中常数项需预先设定的限制，这一研究事实上是将黄金山和陈敏（2014）[11] 的结果推广到一般的 GARCH(1, 1) 模型中. 数值模拟和实证研究结果均表明，引入高频数据可以有效提高日频 GARCH 模型参数 QMELE 的估计精度，得到的波动率估计也更为可靠. 本章介绍的 QMELE 两步估计法和最优波动率代理的选择方法可推广到一般的 GARCH(p, q) 模型上去.

第5章　最优波动率代理选择的实证分析

从前面章节的讨论可知，模型的参数估计是通过极小化似然函数得到的. 而基于高频数据的GARCH模型，即波动率代理（VP-GARCH）模型，在使用不同波动率代理时得到的估计结果是不同的，且采用不同的估计方法得到的估计结果也不尽相同，选择合适的波动率代理是获得准确估计量的重要前提. 本章我们将基于VP-GARCH模型，讨论对数正态分布拟极大似然估计（log-Gaussian QMLE）、正态分布拟极大似然估计（Gaussian QMLE）和拟极大指数似然估计（QMELE）等三种方法下的波动率代理选择标准在高频数据抽样中的应用.

5.1　不同估计方法的波动率代理选择方法

对于波动率代理模型，现有的研究对模型中的未知参数主要采用三种方法进行估计，这三种方法分别为log-Gaussian QMLE、Gaussian QMLE及QMELE.

Visser（2011）[10]给出了log-Gaussian QMLE及其估计量的渐近正态结果，并给出了此估计方法下的波动率代理选择标准：

$$\lambda = \mathrm{Var}(\log(H_n)). \tag{5.1}$$

在此标准下，如果 λ 越小，基于log-Gaussian QMLE方法得到的参数估计的渐近方差就越小，则对应的波动率代理就越好. 因此，对于log-Gaussian QMLE，寻找最优的波动率代理即为寻找最小的 λ 值. 而基于正态分布的拟极大似然估计和基于Laplace分布的拟极大指数似然估计相应的最优波动率代理选择标准已分别在3.3节和4.3节中给出. 表5.1汇总了三种估计方法下的波动率代理选择标准.

表 5.1　三种估计方法下的波动率代理选择标准

估计方法	波动率代理选择标准
log-Gaussian QMLE	$\lambda = \mathrm{Var}(\log(H_n))$
Gaussian QMLE	$MH_{\mathrm{qmle}} = EH_n^4/(EH_n^2)^2$
QMELE	$MH_{\mathrm{qmele}} = EH_n^2/(EH_n)^2$

5.2　几种波动率代理函数

从高频对数收益率的表达式中可以看出，波动率代理的计算是需要通过离散性抽样数据得到的，也就是需要固定一个时间间隔来采集日内的高频数据. 令 k 表示日内时间间隔（单位：分钟），m 表示在抽样频率 k 下一天内总的收益个数，$R_n(u_{ik})$ 表示第 i 次抽样的收益率，$i=1$，…，m. 借鉴 Visser（2011）[10] 的方法，本章主要考虑以下四种波动率代理比较研究.

已实现波动率（RV）：

$$RV_n(k) = \sqrt{\sum_{i=1}^{m}[R_n(u_{ik}) - R_n(u_{(i-1)k})]^2}, \tag{5.2}$$

日内收益绝对值之和（RAV）：

$$RAV_n(k) = \sum_{i=1}^{m}|R_n(u_{ik}) - R_n(u_{(i-1)k})|, \tag{5.3}$$

已实现极差波动率（RVHL）：

$$RVHL_n(k) = \sqrt{\sum_{i=1}^{m}[\max_{\Delta_i}(R_n(u)) - \min_{\Delta_i}(R_n(u))]^2},\ k(i-1) < \Delta_i < ki, \tag{5.4}$$

日内极差之和（RAVHL）：

$$RAVHL_n(k) = \sum_{i=1}^{m}\{\max_{\Delta_i}(R_n(u)) - \min_{\Delta_i}(R_n(u))\},\ k(i-1) < \Delta_i < ki, \tag{5.5}$$

其中 $R_n(u_0)$ 的值用 $R_n(0)=0$ 代替，$\max_{\Delta_i}(R_n(u))$ 和 $\min_{\Delta_i}(R_n(u))$ 分别为第 i 个

时间段 Δ_i 中的收益率最大值和最小值.

以上 RV、RAV、RVHL 和 RAVHL 都是波动率代理 H_n 的具体例子，容易看出 H_n 的具体值依赖于离散化的数据量个数. 最优抽样频率的问题，即是将一天内的连续交易时间等分为多少段的离散化问题. 对于同一波动率代理，最优频率对应的 H_n 是最优的. 因而，表 5.1 中的波动率代理选择标准给我们提供了一个选取最优抽样频率的方法，即使得波动率代理选择标准达到最小的时间间隔即为该波动率代理的最佳抽样频率.

5.3 实证研究

本节以实际股票数据为研究对象，基于不同估计方法对波动率代理及其频率的最优选择问题进行实证研究. 将本章所提方法应用到沪深 300 指数（2017 年 9 月 1 日 — 2019 年 7 月 12 日，共 466 个交易日）中，通过 1 分钟高频价格数据序列计算出 1 分钟高频对数收益率序列 $\{R_n(u_i)\}_{i=1}^{240}$.

进一步，考虑使用对数高频收益率序列 $\{R_n(u_i)\}_{i=1}^{240}$ 来构造波动率代理. 我们采用 6 种类型的波动率代理，分别为

$$H_1 = RV_n(k),$$
$$H_2 = RAV_n(k),$$
$$H_3 = RVHL_n(k),$$
$$H_4 = RAVHL_n(k),$$
$$H_5 = HL = \max_u(R_n(u)) - \min_u(R_n(u)),$$
$$H_6 = |r_n|,$$

其中 H_5 是日内价格极差，即抽样时间频率为一天. 对于前 4 种波动率代理，利用高频收益数据，根据不同的时间间隔 k 取样，可以构造不同频率的 H_1、H_2、H_3、H_4. 由于所得样本的最高频率为 1 分钟，我们无法得到 1 分钟内的极值或极差，因此 $RVHL_n$ 和 $RAVHL_n$ 的最高频率为 2 分钟. 考虑尽可能多的抽样频率，即在 2 ~ 60 分钟中选取所有能满足等间隔抽样的整数 k 值. 若取最大时间间隔 $k=240$ 分钟（即一天），则有 RV、

RAV 等价于 $|r_n|$，RVHL、RAVHL 等价于 HL. 针对上述 6 种波动率代理，利用表 5.1 中 3 种估计方法下的波动率代理选择标准，分别计算不同波动率代理在不同频率下的 λ、MH_{qmle} 和 MH_{qmele} 估计值，计算结果如表 5.2 所示.

对于表 5.2，如果数值越小，则表明该波动率代理相应模型的估计量的渐近方差越小，即估计越有效，这也就意味着该波动率代理越好. 为便于比较，我们将每一列中的最小值标粗显示，此值对应的频率即为该波动率代理和对应估计方法下的最优抽样频率. 表 5.3 汇总了不同波动率代理在不同估计方法下的最优抽样频率结果.

由表 5.2 和表 5.3 可以看出，在不同波动率代理、不同估计方法、不同频率下，得到的估计量有效性明显不同. 具体有以下 3 点：

（1）比较 6 种波动率代理在同一抽样频率下的 3 种估计方法结果，发现 RV 的有效性最差，其次是 RAV、RAVHL，而 RVHL 最好. 因此，RAVHL 是其中最优的波动率代理函数.

（2）比较同一波动率代理在不同抽样频率下的 3 种估计方法结果，发现 RV 在不同抽样频率下的结果波动（即选择准则结果数值大小变动）最大，随着抽样频率的增加，3 种估计方法下的结果在数值上均是先递减后递增，相比之下，RVHL 和 RAVHL 在不同抽样频率下的有效性表现较为稳定，数值变动较小.

（3）比较表 5.3 中最优抽样频率下不同波动率代理在 3 种估计方法下的结果，发现采用 log-Gaussian QMLE 时的最优波动率代理为 10 分钟的 RVHL（λ 值最小），采用 Gaussian QMLE 时则是 2 分钟的 RVHL 最优（MH_{qmle} 值最小），而采用 QMELE 时是 8 分钟的 RVHL 最优（MH_{qmele} 值最小），意味着最优抽样频率下，无论使用什么估计方法，最优的波动率代理均为 RVHL.

表 5.2　不同频率的不同波动率代理的 λ、MH_{qmle} 和 MH_{qmele} 值

RV				RAV			
频率 k(分钟)	λ	MH_{qmle}	MH_{qmele}	频率 k(分钟)	λ	MH_{qmle}	MH_{qmele}
2	0.19980	3.48485	1.29157	2	0.14233	**1.75189**	**1.15064**
3	0.19155	3.46622	1.28281	3	0.13947	1.81052	1.15467
4	0.18585	3.31993	1.27085	4	0.13923	1.82333	1.15465

（续上表）

RV				RAV			
频率 k(分钟)	λ	MH_{qmle}	MH_{qmele}	频率 k(分钟)	λ	MH_{qmle}	MH_{qmele}
5	0. 18861	3. 39057	1. 27710	5	0. 13992	1. 81931	1. 15527
6	0. 18698	3. 42050	1. 27642	6	0. 14164	1. 93683	1. 16337
8	**0. 18104**	3. 15782	**1. 26059**	8	**0. 13867**	1. 90894	1. 15990
10	0. 18572	3. 29800	1. 26869	10	0. 14641	2. 00612	1. 17057
12	0. 18916	3. 17921	1. 26928	12	0. 14940	1. 95371	1. 16999
15	0. 20428	**2. 98262**	1. 26723	15	0. 17233	2. 00635	1. 18526
16	0. 20043	3. 08996	1. 27412	16	0. 16815	2. 12989	1. 19410
20	0. 22620	3. 25276	1. 30076	20	0. 20110	2. 36015	1. 22694
24	0. 22370	3. 12261	1. 29047	24	0. 19836	2. 18533	1. 21947
30	0. 25315	3. 20259	1. 31195	30	0. 22838	2. 36425	1. 24099
40	0. 29245	3. 67144	1. 36126	40	0. 26908	3. 01436	1. 29990
48	0. 32209	3. 73380	1. 39258	48	0. 29928	2. 91897	1. 33117
60	0. 39463	3. 85208	1. 42438	60	0. 37496	2. 95396	1. 36669
RVHL				RAVHL			
频率 k(分钟)	λ	MH_{qmle}	MH_{qmele}	频率 k(分钟)	λ	MH_{qmle}	MH_{qmele}
2	0. 14566	**1. 53328**	1. 13246	2	0. 13535	**1. 59336**	1. 13500
3	0. 13397	1. 57985	1. 12962	3	0. 13139	1. 61820	1. 13487
4	0. 13328	1. 61173	1. 13292	4	0. 13300	1. 63335	1. 13697
5	0. 12757	1. 62514	1. 13017	5	0. 12789	1. 62832	1. 13289
6	0. 12821	1. 63670	1. 13121	6	0. 12989	1. 64903	1. 13541
8	0. 12434	1. 61244	**1. 12727**	8	0. 12471	1. 61832	**1. 12964**
10	**0. 12390**	1. 64897	1. 12947	10	**0. 12417**	1. 64479	1. 13057
12	0. 12566	1. 65953	1. 13296	12	0. 12498	1. 63346	1. 13133
15	0. 12987	1. 64495	1. 13462	15	0. 12712	1. 65125	1. 13386
16	0. 13072	1. 66937	1. 13711	16	0. 12809	1. 65787	1. 13539

（续上表）

RVHL				RAVHL			
频率 k(分钟)	λ	MH_{qmle}	MH_{qmele}	频率 k(分钟)	λ	MH_{qmle}	MH_{qmele}
20	0.13366	1.73984	1.14230	20	0.13033	1.71887	1.13941
24	0.13214	1.67204	1.13928	24	0.12916	1.65921	1.13669
30	0.13298	1.63744	1.13555	30	0.13002	1.62472	1.13333
40	0.14474	1.76053	1.15186	40	0.13966	1.75862	1.14799
48	0.15248	1.79969	1.16368	48	0.14746	1.76340	1.15774
60	0.15217	1.76318	1.15944	60	0.14711	1.75223	1.15519
$\|r_n\|$				HL			
频率 k(分钟)	λ	MH_{qmle}	MH_{qmele}	频率 k(分钟)	λ	MH_{qmle}	MH_{qmele}
240	1.67527	5.56199	1.95605	240	0.23504	2.14193	1.24805

表 5.3　不同波动率代理在不同估计方法下的最优抽样频率

估计方法	最优抽样频率（分钟）			
	RV	RAV	**RVHL**	RAVHL
log-Gaussian QMLE	8 (0.18104)	8 (0.13867)	**10** (**0.12390**)	10 (0.12417)
Gaussian QMLE	15 (2.98262)	2 (1.75189)	**2** (**1.53328**)	2 (1.59336)
QMELE	8 (1.26059)	2 (1.15064)	**8** (**1.12727**)	8 (1.12964)

注：括号中的值是最优抽样频率在对应估计方法下的准则值.

为了更直观地展示波动率代理与抽样频率的关系，我们画出了 RV、RAV、RVHL 和 RAVHL 在不同抽样频率、不同估计方法下对应的选择准则值曲线趋势图，如图 5.1、图 5.2 所示. 由图 5.1、图 5.2 可以看出，不同波动率代理下的曲线趋势存在显著差异. 其中，RV 的三条曲线整体均呈“下凸”状态；而 RAV 的三条曲线整体上均呈曲线递增趋势；RVHL 和 RAVHL 随抽样频率的变化趋势相同，或呈曲折递增，或大致递减后再递增.

基于表 5.3 结果，我们选择以 2 分钟为间隔的 RVHL 来进一步使用 Gaussian QMLE 估计出 GARCH(1, 1) 模型的参数. 该波动率代理具有最小的 MH_{qmle} 值，那么根据第 3 章提出的估计方法得到的参数估计量是最有效的 QMLE，基于方法 1 和方法 2 拟合沪深 300 指数收益率的 GARCH(1, 1) 模型分别为

$$
\begin{aligned}
&r_n=\sigma_n\varepsilon_n,\\
&\sigma_n^2=0.0729+0.1089r_{n-1}^2+0.8594\sigma_{n-1}^2
\end{aligned}
\tag{5.6}
$$

和

$$
\begin{aligned}
&r_n=\sigma_n\varepsilon_n,\\
&\sigma_n^2=0.0688+0.1028r_{n-1}^2+0.8594\sigma_{n-1}^2.
\end{aligned}
\tag{5.7}
$$

于是，基于模型（5.6）和模型（5.7）可以获得更为准确的波动率估计. 另外，若选用 QMELE 方法或对数正态分布 QMLE 方法，则分别需要以 8 分钟和 10 分钟的频率来构造 RVHL，这样得到的 QMELE 和 log-Gaussian QMLE 的估计有效性是其中最好的，以便于更准确地建立模型和估计波动率.

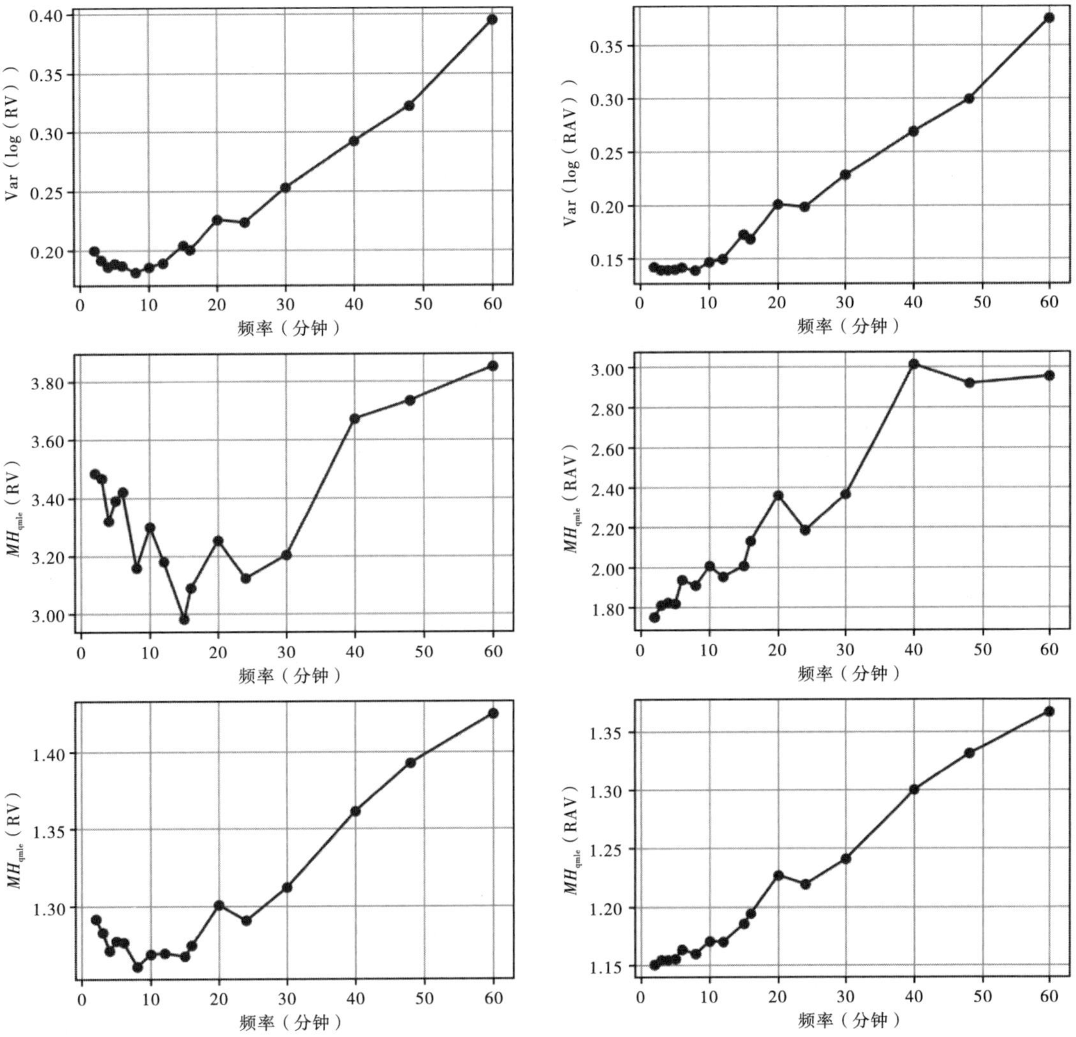

图 5.1　RV（图左）与 RAV（图右）抽样频率的关系图

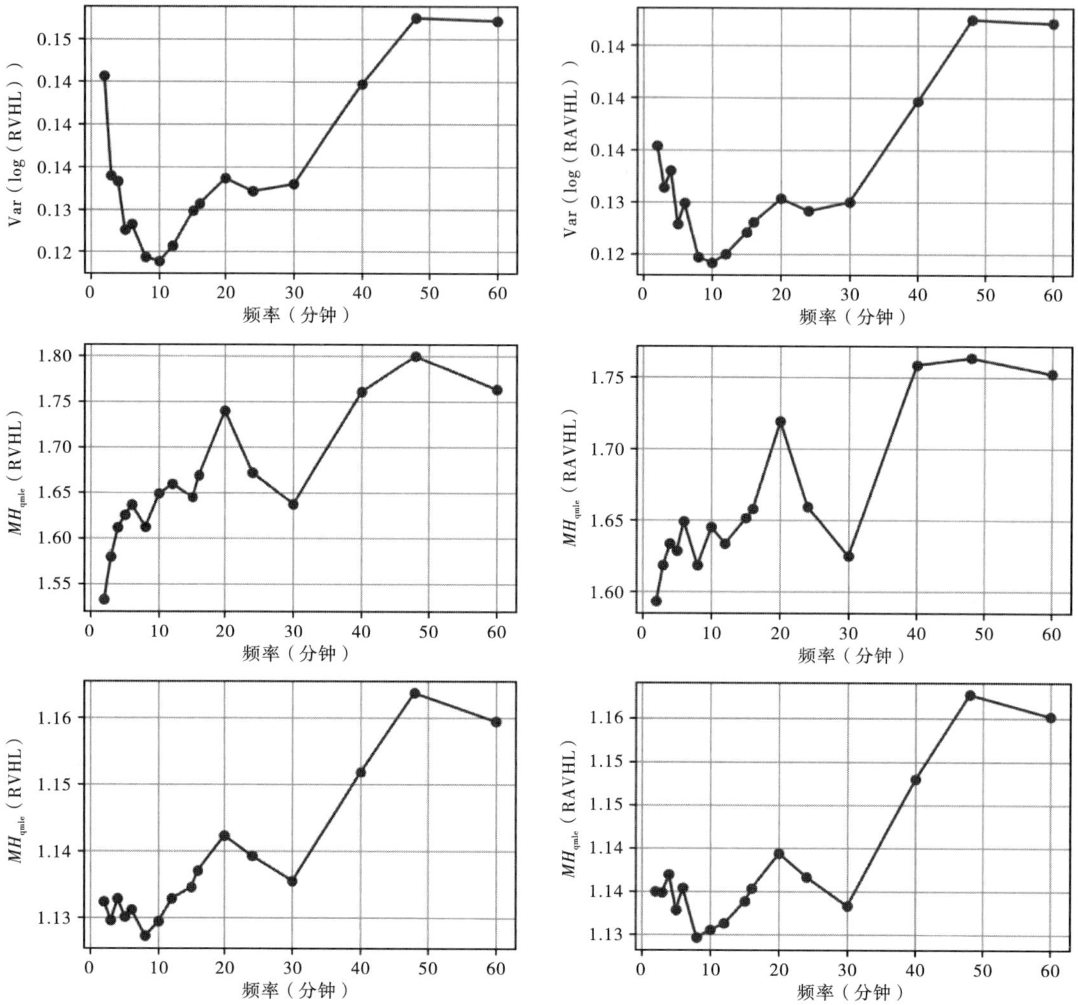

图 5.2　RVHL（图左）与 RAVHL（图右）抽样频率的关系图

5.4　本章小结

本章通过波动率代理，将日内高频数据应用于改进 GARCH 模型的参数估计，研究结果表明，不同的波动率代理提高估计精度的效果不同. 本章关于波动率代理模型在三种估计方法下的最优波动率代理选择标准的研究结果，可进一步应用于解决高频数据抽样频率的选择问题. 通过沪深 300 指数高频数据的实证研究发现，不同波动率代理、不同抽样频率、不同估计方法都对 GARCH 模型参数估计带来显著差异. 本章研究结果显示，已实现极差波动率（RVHL）是表现最优的波动率代理，但 RVHL 依赖于抽样频率，其最优抽样频率应根据所选择的估计方法来选取，因为不同估计方法得到的最优抽样频率可能相差甚远.

第 6 章　基于日内高频数据的非参数 ARCH(1)模型的估计

前面讨论的都是参数 GARCH 类模型的研究. 而在实际应用中，使用参数 GARCH 类模型时，通常需要预先设定模型的形式. 若模型设定错误，则会带来建模偏差. 而非参数模型能较好地避免波动率函数模型选定错误的问题，因此被广为推崇. 本章将介绍利用日内高频数据改进日频非参数 ARCH 模型估计的具体实现[43]，主要考虑非参数 ARCH(1)模型. 因为 Giordano 和 Parrella（2019）[44]通过研究验证了 GARCH(1，1)模型可以很好地由非参数 ARCH(1)模型来近似，这意味着非参数 ARCH 模型具有一定范围的适用性. 本章的思想可推广到其他非参数或半参数 ARCH /GARCH 类模型.

6.1　模型及其估计

6.1.1　非参数 ARCH 模型

为了解决模型设定错误而带来的建模偏差，Pagan 和 Schwert（1990）[45]、Pagan 和 Hong（1991）[46]把波动率的函数设为一般的形式，提出了非参数 ARCH 模型（简称 NARCH 模型）：

$$\varepsilon_n = e_n\sqrt{h_n},$$

$$h_n = g(\varepsilon_{n-1}, \varepsilon_{n-2}, \cdots, \varepsilon_{n-p}),$$

其中，$g(\cdot)$ 是依赖于 ε_{n-1}，ε_{n-2}，…，ε_{n-p} 的未知波动率函数，随机变量序列 $\{e_n, n\in\mathbb{Z}\}$ 是一 *i. i. d.* 均值为 0、方差为 1 的序列，且对任意 $s\leqslant n$，e_n 与 ε_s 相互独立. 该模型把波动率函数设为未知函数 $g(\cdot)$，因此不需要预先设定模型的形式，只

需要假定该函数具有一定的光滑性即可，使其应用起来较为灵活. 而针对未知函数 $g(\cdot)$的估计可通过核回归、局部多项式回归和样条法等多种非参数方法进行估计，具体可参见 Fan 和 Yao（2003，2008）[47,48].

6.1.2 非参数波动率代理模型

设 r_n 是某一金融产品的日收益率，非参数 ARCH(1) 模型，记为 NARCH(1)，有如下形式：

$$r_n = g^{1/2}(r_{n-1})\varepsilon_n, \tag{6.1}$$

其中，$g(r_{n-1})$是依赖于 r_{n-1}的未知波动率函数，误差序列 ε_n 为 *i. i. d.* 的随机噪声且满足 $E(\varepsilon_n)=0$，$E(\varepsilon_n^2)=1$，且对任意 $s\leqslant n$，ε_n 与 r_s 相互独立. 模型（6.1）可改写为

$$r_n^2 = g(r_{n-1}) + g(r_{n-1})(\varepsilon_n^2 - 1) \tag{6.2}$$

因此，

$$E(r_n^2 \mid r_{n-1}=y) = g(y),\ \mathrm{Var}(r_n^2 \mid r_{n-1}=y) = g^2(y)(m_4 - 1),\ m_4 = E\varepsilon_n^4.$$

由于 $E(r_n^2 \mid r_{n-1}=y)=g(y)$，因此未知函数 $g(y)$可以通过多种非参数回归进行估计，如核回归、局部多项式回归和样条法等.

类似于 Visser(2011)[10]，为了引入日内高频数据，我们通过将交易日变成单位时间区间进行划分得到如下非参数缩放模型：

$$R_n(u) = g^{1/2}(r_{n-1})\psi_n(u), \tag{6.3}$$

其中，$R_n(u)$表示连续时间日内对数收益序列. 在不同的交易日，假定标准噪声过程 $\psi_k(u)$和 $\psi_l(u)(k\neq l)$相互独立且服从同一分布. 基于标准化，当 $u=1$ 时，有

$$E\psi_n^2(1)=1,\ r_n = R_n(1),\ \xi_n = \psi_n(1). \tag{6.4}$$

因 H_n 为 $R_n(u)$的函数，可表示为 $H_n = H(R_n(u))$，又 H_n 满足正齐性，于是

$$H_n = H(\alpha R_n(u)) = \alpha H(R_n(u)) > 0,\ \alpha > 0. \tag{6.5}$$

本节中所用波动率代理 H_n 均为正的统计量且满足（6.5）中的正齐性，这样的条件较易满足．如具有下面形式的日波动率：

$$H_n = RV = \sqrt{\sum_k (r_{n,k} - r_{n,k-1})^2}, \tag{6.6}$$

其中，$r_{n,k}$表示第 n 天中第 k 个交易区间的收益．齐性意味着

$$H(R_n(u)) = g^{1/2}(r_{n-1}) H(\psi_n(u)).$$

令

$$H_n \equiv H(R_n(u)),\ Z_{Hn} \equiv H(\psi_n(u)),\ \mu_{Z_H} = EZ_{Hn}^2,$$

$$\xi_{Hn} = Z_{Hn} / \sqrt{\mu_{Z_H}},\ g_H(y) = g(y)\mu_{Z_H}, \tag{6.7}$$

从而我们有如下非参数波动代理模型：

$$H_n = g_H^{1/2}(r_{n-1})\xi_{Hn}, \tag{6.8}$$

其中，$E(H_n^2 | r_{n-1}) = g_H(r_{n-1})$，$E\xi_{Hn}^2 = 1$.

注意到模型（6.8）不仅可以利用高频数据的信息，且根据（6.7），模型（6.8）也可以表示为

$$H_n = g^{1/2}(r_{n-1})\mu_{Z_H}^{1/2}\xi_{Hn}, \tag{6.9}$$

模型(6.9)保留了 NARCH(1) 模型(6.1)中的波动函数 $g(r_{n-1})$，且与模型(6.1)相比仅相差一个常数 $\mu_{Z_H}^{1/2}$．当 $H_n = |R_n(1)| = |r_n|$时，

$$E(H_n^2 | r_{n-1}) = g_H(r_{n-1})$$

可简化为

$$E(r_n^2 | r_{n-1}) = g(r_{n-1}),$$

这意味着仅需要利用日内信息对 r_n 进行估计．因此，传统的非参数模型(6.1)是代理模型(6.8)的一个特例.

6.1.3　波动率函数的估计

在实际中，$\{r_n\}_{n=1}^{N}$ 可被观测且可基于离散的日内高频数据序列计算 $\{H_n\}_{n=1}^{N}$. 设 $K(\cdot)$ 为给定的核函数，h 为窗宽，首先给出如下记号：

$$V=\begin{pmatrix} V_2 \\ V_3 \\ \vdots \\ V_N \end{pmatrix}=\begin{pmatrix} H_2^2 \\ H_3^2 \\ \vdots \\ H_N^2 \end{pmatrix},\quad Z=\begin{pmatrix} 1 & \frac{r_1-y}{h} \\ 1 & \frac{r_2-y}{h} \\ \vdots & \vdots \\ 1 & \frac{r_{N-1}-y}{h} \end{pmatrix},$$

$$W=\mathrm{diag}\left\{\frac{1}{N}K_h(r_1-y),\ \cdots,\ \frac{1}{N}K_h(r_{N-1}-y)\right\},$$

$$W=\frac{1}{h}K\left(\frac{u}{h}\right),\ E_1=(1,\ 0)^T,\ E_2=(0,\ 1)^T. \tag{6.10}$$

注意到 $g_H(y)=E(H_n^2\mid r_{n-1}=y)$ 且 $g(y)=E(R_n^2\mid r_{n-1}=y)$，由 Engle 和 Ng(1993)[49] 的局部线性估计为：

$$\widehat{g}_H(y)=E_1^T(Z^TWZ)^{-1}Z^TWV. \tag{6.11}$$

而 $g(y)$ 的局部线性估计，记为 $\widehat{g}(y)$，可通过在（6.11）式中令 $H_n=|R_n(1)|=|r_n|$ 得到. 注意到，为依赖于 H_n 的未知参数，由（6.11）可知，μ_{Z_H} 的估计为：

$$\widehat{\mu}_{Z_H}=\frac{1}{N-1}\sum_{n=2}^{N}\frac{\widehat{g}_H(r_{n-1})}{\widehat{g}(r_{n-1})}. \tag{6.12}$$

因此，利用日内高频信息得到的波动率函数 $g(y)$ 的最终估计量为：

$$\tilde{g}(y)=\frac{\widehat{g}_H(y)}{\widehat{\mu}_{Z_H}}. \tag{6.13}$$

6.2 渐近性质

在陈述极限性质之前，我们先定义所需符号和给出相关基本假设.

令 $\|K\|_2^2 = \int K^2(u)\mathrm{d}u$，$\mu_r(K) = \int \mu^r K^2(u)\mathrm{d}u$，

$$S = \begin{pmatrix} \mu_0(K) & \mu_1(K) \\ \mu_1(K) & \mu_2(K) \end{pmatrix},\ S^{-1} = \begin{pmatrix} S_{00} & S_{01} \\ S_{10} & S_{11} \end{pmatrix},$$

$$K_\lambda^*(u) = \sum\nolimits_{\lambda'=0}^{1} S_{\lambda\lambda'} u^{\lambda'} K(u),\ \Lambda_{\lambda,2} = \int K_\lambda^*(u) u^2 \mathrm{d}u,\ \lambda = 0,\ 1. \qquad (6.14)$$

我们假定(r_1, V_2)，…，(r_{N-1}, V_N)为平稳 α 混合序列，混合系数为 $\alpha(k)$，并给出以下假设：

（E1）核函数 K 有界且有界支撑；

（E2）条件密度满足

$$f_{r_0,r_l \mid V_1,V_{l+1}}(y_0, y_l \mid v_1, v_{l+1}) \leqslant A_1 < \infty,\ l \geqslant 1;$$

（E3）对 α 混合过程，假定存在常数 $\delta > 2$ 和 $a > 1 - 2/\delta$，使得

$$\sum\nolimits_l l^a [\alpha(l)]^{1-2/\delta} < \infty,\ E|V_0|^\delta < \infty,\ f_{r_0 \mid V_1}(y_0 \mid v_1) \leqslant A_2 < \infty;$$

（E4）对 α 混合过程，存在正整数列 $s_n \to \infty$ 且 $s_n = o\{(nh_n)^{1/2}\}$ 满足

$$(n/h_n)^{1/2}\alpha(s_n) \to 0,\ n \to \infty;$$

（E5）随机变量 ξ_{Hn} 有连续概率密度函数，其处处为正，且 $m_4^H = E\xi_{Hn}^4 < \infty$；

（E6）随机变量 r_n 有平稳密度 $\varphi(y)$. $g_H(y)$ 和 $\varphi(y)$ 的 2 阶导数为 Lipschitz 连续的，且 $\inf_{y \in A}\varphi(y) > 0$，其中 A 为 R 中的紧子集且有非空的内点.

定理 6.1 若假设（E1）~（E6）成立，那么对于任意固定的 $y \in A$，$Nh \to \infty$，$Nh^5 = O(1)$，有

$$\sqrt{Nh}(\widehat{g}_H(y)-g_H(y)-h^2b_H(y))\xrightarrow{D}N(0,\ V_H(y)),$$

其中

$$b_H(y)=\Lambda_{0,2}g''_H(y)/2!,$$

$$V_H(y)=\|\boldsymbol{K}_0^*\|_2^2(m_4^H-1)g_H^2(y)\varphi^{-1}(y).$$

定理6.2 若假设(E1)~(E6)成立，对于$r\in(1/4,\ 1)$，$h\sim N^{-r}$，则当$N\to\infty$时，

$$(\widehat{\mu}_{Z_H}-\mu_{Z_H})=o_p(N^{-\frac{1}{2}}),$$

且

$$\sqrt{Nh}(\tilde{g}(y)-g(y)-h^2\tilde{b}(y))\xrightarrow{D}N(0,\ \tilde{V}(y)),$$

其中

$$\tilde{b}(y)=\Lambda_{0,2}g''(y)/2!,$$

$$\tilde{V}(y)=\|\boldsymbol{K}_0^*\|_2^2(m_4^H-1)g^2(y)\varphi^{-1}(y).$$

注6.1 在定理6.1中，当$H_n=|r_n|$，$\widehat{g}_H(y)$及$g_H(y)$分别变成$\widehat{g}(y)$和$g(y)$. 由定理6.2，修改后的估计$\tilde{g}(y)$与$\widehat{g}(y)$具有相同的偏差项，但它们的渐近方差不同. H_n的影响由(m_4^H-1)的大小确定，m_4^H越小，$\tilde{g}(y)$的渐近方差越小，因而得到更实用的估计.

在实际应用中，$m_4^H=c\cdot EH_n^4/(EH_n^2)^2$且$c=[E(g(r_{n-1}))]^2/[E(g^2(r_{n-1}))]$. 令

$$m_4^{H*}=EH_n^4/(EH_n^2)^2$$

所以，我们可依据m_4^{H*}来优化选择的代理H_n.

6.3 数值模拟

在本节中，我们将评价所提出的估计量$\tilde{g}(y)$的有限样本性质. 为了模拟r_n和

$R_n(u)$，我们首先需要模拟日内噪声过程 $\psi_n(u)$，选择 Ornstein-Uhlenbeck 过程：

$$\mathrm{d}Y_n(u) = -\delta(Y_n(u)-\mu)\mathrm{d}u + \sigma_Y \mathrm{d}B_n^{(2)}(u), \tag{6.15}$$

$$\mathrm{d}\psi_n(u) = e^{Y_n(u)}\mathrm{d}B_n^{(1)}(u),\ u\in[0,\ 1]. \tag{6.16}$$

其中，布朗运动 $B_n^{(1)}$ 与 $B_n^{(2)}$ 不相关，$\psi_n(0)=0$ 并且 $Y(0)$ 从 $N(\mu,\ \sigma_Y^2)$ 中抽样得到. 将时间单元［0，1］划分成240个小区间，令

$$\delta=1/2,\ \sigma_Y=1/4,\ \mu=1/16,\ g(y)=0.1+0.5y^2.$$

对于每一天，我们考虑（6.8）中的三个波动率代理 H_n：5 分钟已实现波动率，记为 $H5_n$；30 分钟已实现波动率，记为 $H30_n$；日绝对对数收益率 $|r_n|$. 此处，波动率根据（6.6）计算.

由（6.13）式，为得到 $\tilde{g}(y)$ 的估计,将窗宽取为 $1.06\times \mathrm{std}(r_n)\times N^{-1/5}$，核函数取为 $K(x)=0.75\ (1-x^2)_+$，取样本容量为 $N=200$，400，800，重复次数取为 100. 对于每个代理 $H5_n$，$H30_n$ 和 $|r_n|$，根据模拟的 $|r_{n-1}|$ 的 20% 和 80% 分位数，定理 6.1 中 A 的子集取为［-0.45，0.45］，且节点向量取为 $U=[-0.45:0.025:0.45]$. 图 6.1 中给出了各个代理下 100 次重复的 $\tilde{g}(U_i)$ 的估计曲线（细线）及真实曲线（粗线），从左到右的三列分别对应 $N=200$，400 和 800 三种情形. 在第 1 列中，子图（a_i）（$i=1$，2，3）分别对应代理 $H5_n$，$H30_n$ 及 $|r_n|$ 在样本容量 $N=200$ 下的波动率函数 $g(U_i)$ 的估计曲线，子图（a_4）中的三个箱体图分别为代理 $H5_n$，$H30_n$ 及 $|r_n|$ 在样本容量 $N=200$ 下的 m_4^{H*} 的分布图. 类似地，子图（b_i）和（c_i）（$i=1$，2，3）分别为代理 $H5_n$，$H30_n$ 及 $|r_n|$ 在样本容量 $N=400$ 和 800 下的波动率函数 $g(U_i)$ 的估计曲线，子图（b_4）及（c_4）分别为样本容量 $N=400$ 和 800 情形下代理 $H5_n$，$H30_n$ 及 $|r_n|$ 的 m_4^{H*} 的箱线图.

我们发现，在本章考虑的三个代理下，代理 $H5_n$ 下的估计量表现最好，尤其是在样本量小的情况下表现突出. 这与子图（a_4），（b_4）和（c_4）中 m_4^{H*} 的箱体图一致，即 $H5_n$ 情形的估计值通常比其他的估计值小，代理 $H30_n$ 下的估计量比在代理 $|r_n|$ 下的更精确. 当样本量增加时，不同代理下的估计效果会逐步变好，这证实了定理 6.2 中的渐近正态性结果的正确性. 模拟结果表明，引入日内高频数据可以显著改善 NARCH(1) 模型的估计精度.

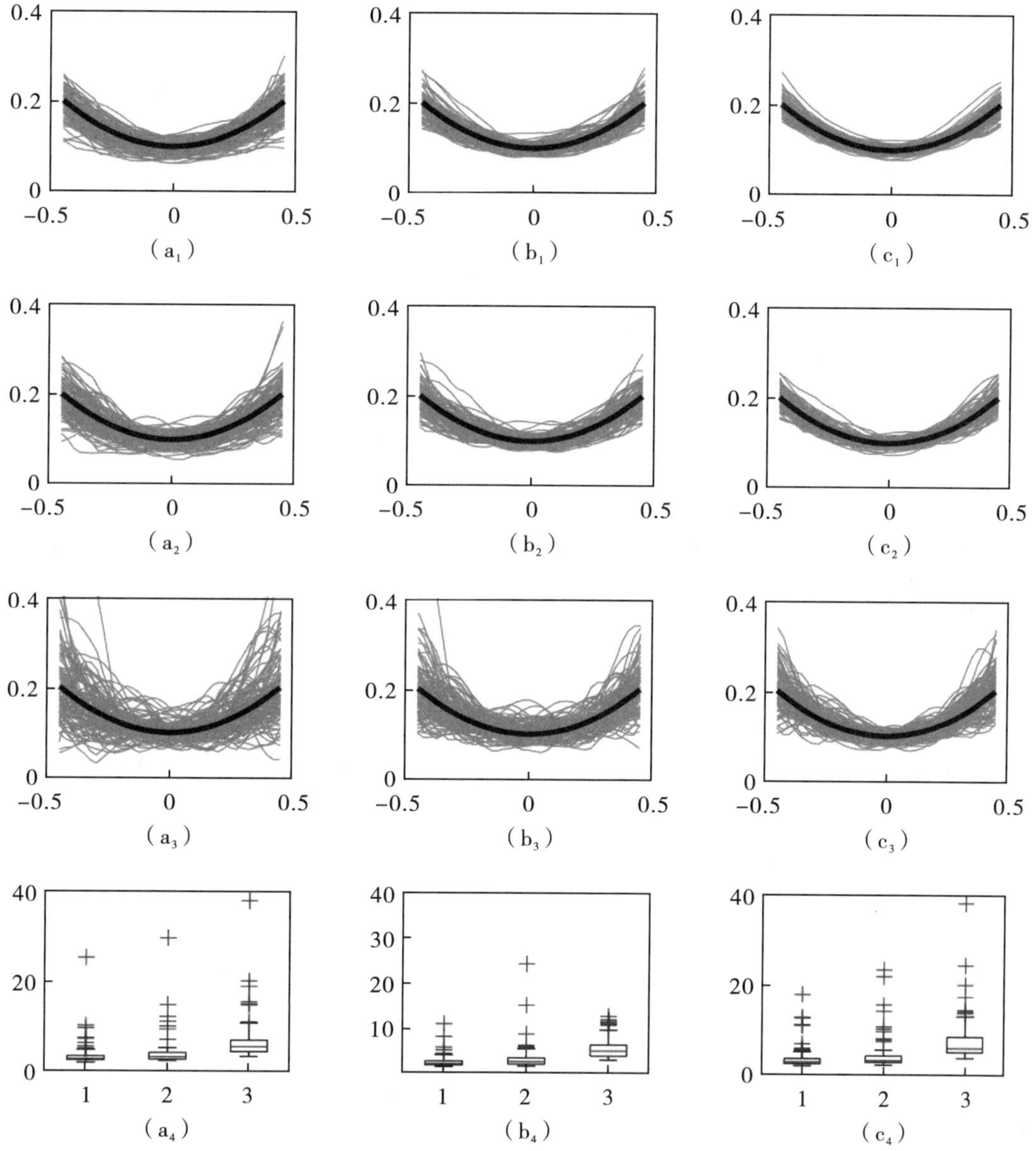

图 6.1　波动率函数估计曲线

6.4 实证研究

在这一部分中，基于 NARCH(1) 模型，我们将所提出的方法用于估计沪深 300 指数的波动率函数. 该指数由 300 个最大、流动性最强的中国 A 股股票组成，数据范围为 2017 年 9 月 1 日至 2019 年 7 月 12 日，包括 466 次每日观察；每天的采样频率为 1 分钟，每天有 241 个价格观测值. 用 $P_n(u)$ 表示第 n 日内的价格序列，计算日内对数收益如下：

$$R_n(u)=100[\log P_n(u)-\log P_{n-1}(1)],\quad u\in[0,1]. \tag{6.17}$$

对每天的日内对数收益率数据，我们考虑如下 11 个不同的波动率代理：1 分钟实时波动率代理 $H1_n$ 到 10 分钟波动率代理 $H10_n$，以及日绝对收益 $|r_n|$. 此处，1 分钟代理的计算公式为

$$H1_n=\sqrt{\sum_{k=1}^{240}[R_n(u_k)-R_n(u_{k-1})]^2}, \tag{6.18}$$

其中，$R_n(u_k)$表示日内序列 $R_n(u)$的第 k 个观察值. 其他波动率代理计算公式类似.

依据（6.2）式，m_4^{H*} 在代理 $H1_n$，…，$H10_n$ 和$|r_n|$下的估计值为

3.9324，1.6049，1.6864，1.7488，1.8208，1.8264，1.7181，1.7436，1.7882，1.7999，5.5620.

易见，m_4^{H*} 在 $H2_n$ 下的估计值最小. 为进一步比较不同抽样频率对估计的影响，我们选取 $H1_n$，$H2_n$，$H10_n$ 及$|r_n|$进行研究.

为估计波动率函数 $g(r_{n-1})$，依据 r_{n-1}的 20% 和 80% 分位数，我们将定理 6.1 中的 A 取为 $[-0.9, 0.9]$，节点向量取为 $U=[-0.9:0.05:0.9]$. 图 6.2 展示了 $\widehat{g}_H(U_i)/\widehat{g}(U_i)$的比率曲线. 易见，每一个比率值近似为常数，这验证了由（6.7）式导出的比率 $g_H(r_{n-1})/g(r_{n-1})$等于常数 μ_{Z_H} 的性质，意味着本章提出的方法对选定的数据集是适合的. 从图 6.3 可以看出，在不同代理下对 $g(r_{n-1})$的波动率函数的估计结果

显著不同，m_4^{H*} 在代理 $H2_n$ 下的估计结果最优. 在代理 $H2_n$ 下，波动函数呈现出这样一个特征：波动函数在 $r_{n-1}<0$ 下的值大于在 $r_{n-1}>0$ 时的值，函数的形状与 Giordano 和 Parrella（2019）[44]研究道琼斯指数的波动率一文中的函数形状类似. 基于目前普遍的观点，即负收益率通常会引起较大的波动，可以发现，与代理 $H1_n$ 和 $|R_n|$ 比较，波动率函数 $g(r_{n-1})$ 在代理 $H2_n$ 和 $H10_n$ 下的估计结果较相近且更可靠. 对上述结果可以作如下解释：$H1_n$ 可能包含了大量噪声，进而导致代理效率低下，而 $|r_{n-1}|$ 不使用日内信息，与代理 $H2_n$ 和 $H10_n$ 相比则没有优势.

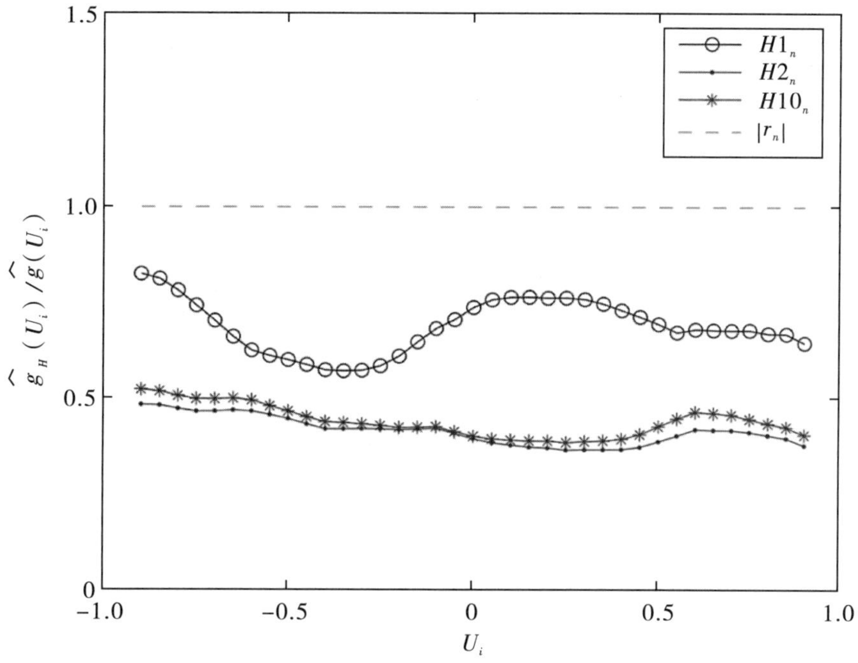

图 6.2　$H1_n$，$H2_n$，$H10_n$ 和 $|r_n|$ 下的估计比率 $\widehat{g}_H(U_i)/\widehat{g}(U_i)$ 时序图

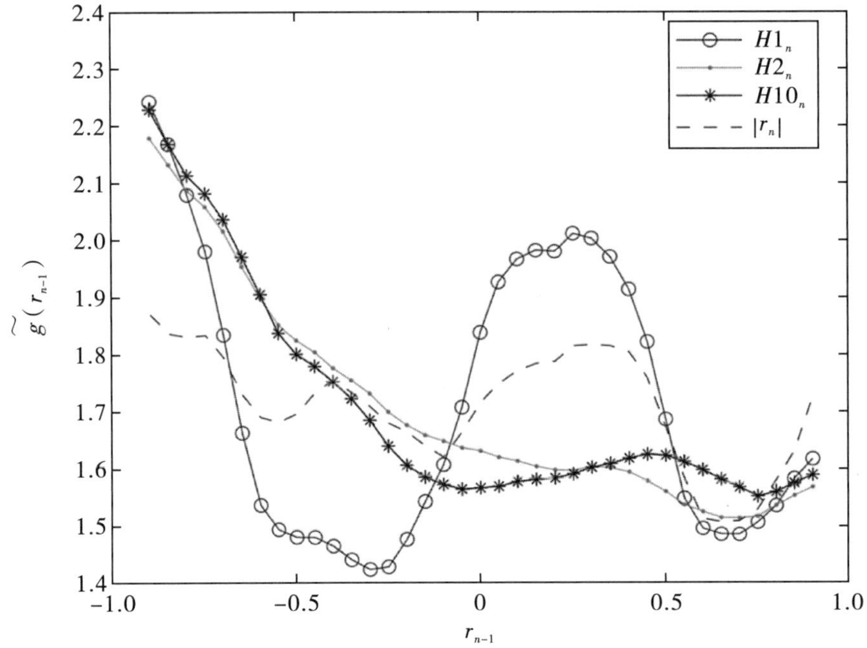

图 6.3　$H1_n$，$H2_n$，$H10_n$ 和 $|r_n|$ 下的波动率函数估计 $\tilde{g}(r_{n-1})$ 时序图

6.5　定理的证明

首先，由(6.10)及(6.14)式可以得到

$$S=\begin{pmatrix}\mu_0(K) & 0\\ 0 & \mu_2(K)\end{pmatrix},\quad S^{-1}=\begin{pmatrix}\mu_0^{-1}(K) & 0\\ 0 & \mu_2^{-1}(K)\end{pmatrix},$$

且

$$S^{-1}Z^TW=\begin{pmatrix}\mu_0^{-1}(K)\frac{1}{N}K_h(r_1-y) & \cdots & \mu_0^{-1}(K)\frac{1}{N}K_h(r_{N-1}-y)\\ \mu_2^{-1}(K)\frac{r_1-y}{h}\frac{1}{N}K_h(r_1-y) & \cdots & \mu_2^{-1}(K)\frac{r_{N-1}-y}{h}\frac{1}{N}K_h(r_{N-1}-y)\end{pmatrix}$$

$$=\frac{1}{N}\begin{pmatrix} K_{0h}^{*}(r_1-y) & K_{0h}^{*}(r_2-y) & \cdots & K_{0h}^{*}(r_{N-1}-y) \\ K_{1h}^{*}(r_1-y) & K_{1h}^{*}(r_2-y) & \cdots & K_{1h}^{*}(R_{N-1}-y) \end{pmatrix} \tag{6.19}$$

下面给出定理 6.1 和定理 6.2 的证明，在给出定理证明之前，先给出证明所需的引理.

引理 6.1　在假设(E1)～(E6)成立，当 $n\to\infty$ 时，有

$$Z^TWZ=\varphi(\mu)S[I+o_p(1)],\ (Z^TWZ)^{-1}=\varphi^{-1}(\mu)S^{-1}[I+o_p(1)], \tag{6.20}$$

引理 6.2(鞅差中心极限定理)　假设$\{X_{nk}\}$是鞅差序列，$E(X_{nk}\mid F_{n,k-1})=0$，$EX_{nk}^2<\infty$，$\sigma_{nk}^2\triangleq E(X_{nk}^2\mid F_{n,k-1})$，$(F_{n,0}=\{\Phi,\ \Omega\})$. 若

$$\sum_{k=1}^{\infty}\sigma_{nk}^2\xrightarrow{P}\sigma^2,$$

此处的 σ^2 为一常数，并且对于任意的 $\varepsilon>0$，$\sum_{k=1}^{\infty}E(X_{nk}^2I_{\{|X_{n,k-1}|\geqslant\varepsilon\}})\to 0$，则有

$$\sum_{k=1}^{\infty}\sigma_{nk}^2\xrightarrow{P}\sigma^2.$$

引理 6.3　在假设(E1)～(E6)的条件下，过程$(X_n,\ X_{\gamma'n},\ \tilde{X}_n)_{n>1}$，$\gamma'\in\Gamma$ 是一致几何遍历的且是 φ－混合的：即存在一常数 $\varphi\in(0,\ 1)$，对所有 x，$x_{\gamma'}$，$\tilde{x}$，x'，$\tilde{x}'\in\mathbf{R}^+$，$k=1,\ 2,\ \cdots$，$\gamma'\in\Gamma$，使得

$$\|P_{\gamma'}^k(\cdot\mid x,\ x_{\gamma'},\ \tilde{x})-P_{\gamma'}^k(\cdot\mid x',\ x'_{\gamma'},\ \tilde{x}')\|_{\text{Var}}\leqslant 2\rho^k,$$

$$\|P_{\gamma'}^k(\cdot\mid x,\ x_{\gamma'},\ \tilde{x})-\pi_{\gamma'}(\cdot)\|_{\text{Var}}\leqslant 2\rho^k.$$

其中，$P_{\gamma'}^k(\cdot\mid x,\ x_{\gamma'},\ \tilde{x})$是$\{(X_{k+1},\ X_{\gamma'(k+1)},\ \tilde{X}_k)\}$的概率测度，$X_1=x$，$X_{\gamma'1}=x_{\gamma'}$，$\tilde{X}_k=\tilde{x}$，$\pi_{\gamma'}(\cdot)$是$\{(X_n,\ X_{\gamma'n},\ \tilde{X}_n)\}_{n\geqslant 1}$的平稳分布，$\|\cdot\|_{\text{Var}}$ 代理全变差距离. 因此，$\{(X_n,\ X_{\gamma'n},\ \tilde{X}_n)\}$的条件分布在全变差中以 $2\rho^n$ 的速率收敛于 $\pi_{\gamma'}$，其中 φ－混合系数为 $\Phi_n\leqslant 2\rho^n$，与其初始分布无关且参数值 $\gamma'\in\Gamma$.

引理 6.4　在假设(E1)～(E6)的条件下，对于 $k=0,\ 1,\ 2$，当 $n\to\infty$时，

$$\sup_{\gamma'\in\Gamma}|\nabla^{(k)}\hat{L}(\gamma')-\nabla^{(k)}L(\gamma')|=O(h^{(p+1+k)}+\sqrt{nk}^{-1}h^{-k}\log n)\ a.s..$$

引理 6.1 的证明参见 Fan 和 Gijbels(1996)[50]的第 64 页，引理 6.2 的证明参见 Billingsley(1995)[51]，引理 6.3 和引理 6.4 参见 Yang(2006)[52]的引理 1 和引理 3.

6.5.1 定理 6.1 的证明

在下面的定理证明过程中，引理 6.1 中的单位矩阵 I 在不同的地方可以表示不同阶数的单位矩阵.

证明 由(6.10)及(6.14)中假定的记号，我们有

$$E_1^T(Z^TWZ)^{-1}Z^TWZE_1=1,\quad E_1^T(Z^TWZ)^{-1}Z^TWZE_2=0,$$

因此，由上式及(6.11)式可得，

$$\begin{aligned}\widehat{g}_H(y)-g_H(y)&=E_1^T(Z^TWZ)^{-1}Z^TWV-g_H(y)E_1^T(Z^TWZ)^{-1}Z^TWZE_1-\\&\quad g'_H(y)hE_1^T(Z^TWZ)^{-1}Z^TWZE_2\\&\triangleq Q1-Q2-Q3.\end{aligned}\tag{6.21}$$

下面分别考虑 $Q1$，$Q2$ 和 $Q3$. 由引理 6.1，(6.19)及(6.21)式可得

$$\begin{aligned}Q1&=\frac{1}{\varphi(y)}E_1^TS^{-1}[1+o_p(1)]Z^TWV\\&=\frac{1}{N\varphi(y)}(1,\ 0)\begin{pmatrix}K_{0h}^*(r_1-y)&\cdots&K_{0h}^*(r_{N-1}-y)\\K_{1h}^*(r_1-y)&\cdots&K_{1h}^*(r_{N-1}-y)\end{pmatrix}[1+o_p(1)]\begin{pmatrix}H_2^2\\H_3^2\\\vdots\\H_N^2\end{pmatrix}\\&=\frac{1}{N\varphi(y)}\sum_{i=1}^{N-1}K_{0h}^*(r_i-y)H_{i+1}^2[1+o_p(1)]\\&=\frac{1}{N\varphi(y)}\sum_{i=1}^{N-1}K_{0h}^*(r_i-y)\ g_H(r_i)\xi_{H(i+1)}^2[1+o_p(1)].\end{aligned}\tag{6.22}$$

$$\begin{aligned}Q2&=\frac{1}{\varphi(y)}g_H(y)E_1^TS^{-1}[1+o_p(1)]Z^TWZE_1\\&=\frac{1}{N\varphi(y)}g_H(y)(1,\ 0)\begin{pmatrix}K_{0h}^*(r_1-y)&\cdots&K_{0h}^*(r_{N-1}-y)\\K_{1h}^*(r_1-y)&\cdots&K_{1h}^*(r_{N-1}-y)\end{pmatrix}\times\end{aligned}$$

$$[1+o_p(1)]\begin{pmatrix}1 & \frac{r_1-y}{h}\\ 1 & \frac{r_2-y}{h}\\ \vdots & \vdots\\ 1 & \frac{r_{N-1}-y}{h}\end{pmatrix}\begin{pmatrix}1\\0\end{pmatrix}$$

$$=\frac{1}{N\varphi(y)}g_H(y)\sum_{i=1}^{N-1}K_{0h}^*(r_i-y)[1+o_p(1)]. \tag{6.23}$$

$$Q3=\frac{1}{\varphi(y)}g'_H(y)hE_1^TS^{-1}[1+o_p(1)]Z^TWZE_2$$

$$=\frac{1}{N\varphi(y)}g'_H(y)(1,\ 0)\begin{pmatrix}K_{0h}^*(r_1-y) & \cdots & K_{0h}^*(r_{N-1}-y)\\ K_{1h}^*(r_1-y) & \cdots & K_{1h}^*(r_{N-1}-y)\end{pmatrix}\times$$

$$[I+o_p(1)]\begin{pmatrix}1 & \frac{r_1-y}{h}\\ 1 & \frac{r_2-y}{h}\\ \vdots & \vdots\\ 1 & \frac{r_{N-1}-y}{h}\end{pmatrix}\begin{pmatrix}0\\1\end{pmatrix}$$

$$=\frac{1}{N\varphi(y)}g'_H(y)\sum_{i=1}^{N-1}(r_i-y)K_{0h}^*(r_i-y)[1+o_p(1)]. \tag{6.24}$$

结合(6.22)，(6.23)及(6.24)式可得

$$\begin{aligned}\widehat{g}_H(y)-g_H(y)&=\frac{1}{N\varphi(y)}\sum_{i=1}^{N-1}K_{0h}^*(r_i-y)\,g_H(r_i)\xi_{H(i+1)}^2[1+o_p(1)]-\\&\quad\frac{1}{N\varphi(y)}g_H(y)\sum_{i=1}^{N-1}K_{0h}^*(r_i-y)[1+o_p(1)]-\\&\quad\frac{1}{N\varphi(y)}g'_H(y)\sum_{i=1}^{N-1}(r_i-y)K_{0h}^*(r_i-y)[1+o_p(1)]\\&\triangleq T_1-T_2.\end{aligned} \tag{6.25}$$

此处

$$T_1 = \frac{1}{N\varphi(y)}\sum_{i=1}^{N-1} K_{0h}^*(r_i - y)[g_H(r_i) - g_H(y) - g'_H(y)(r_i - y)][1 + o_p(1)],$$

$$T_2 = \frac{1}{N\varphi(y)}\sum_{i=1}^{N-1} K_{0h}^*(r_i - y)\, g_H(r_i)(\xi_{H(i+1)}^2 - 1)[1 + o_p(1)].$$

T_1，T_2 的表达式只需要对(6.25)式中的项进行泰勒展开并整理得到．进一步将 T_1 中的求和转化为积分，并令积分变量 $r = y + hx$，可得

$$\begin{aligned}
T_1 &= \frac{1}{\varphi(y)}\int K_0^*(x)[g_H(y + hx) - g_H(y) - g'_H(y)x]\varphi(y + hx)\mathrm{d}x[1 + o_p(1)] \\
&= \frac{1}{\varphi(y)}\varphi(y)\frac{h^2}{2!}g''_H(y)\int K_0^*(x)\, x^2\mathrm{d}x[1 + o_p(1)] \\
&= \frac{\Lambda_{0,2}g''_H(y)}{2!}h^2 + o_p(h^2) \\
&= h^2\, b_H(y) + o_p(h^2).
\end{aligned} \tag{6.26}$$

上式中的第二个等号只需要将第一个等号中的 $g_H(y+hx)$ 展开到二阶即可．下面证明 T_2 是渐近正态的，令 F_i 为到 i 时刻止的历史信息所生成的 σ－域，

$$\eta_{i+1} = \frac{1}{N\varphi(y)}K_{0h}^*(r_i - y)g_H(r_i)(\xi_{H(i+1)}^2 - 1).$$

则 $\{\eta_{i+1}\}_{i=1}^{N}$ 为关于 F_i 的鞅差序列，且 $E(\eta_{i+1} | F_i) = 0$，

$$\begin{aligned}
\mathrm{Var}(\eta_{i+1} | F_i) &= E(\eta_{i+2}^2 | F_i) \\
&= \frac{1}{N^2\varphi(y)^2}[K_{0h}^*(r_i - y)g_H(r_i)]^2[E(\xi_{H(i+1)}^4 | F_i) - 2E(\xi_{H(i+1)}^2 | F_i) + 1].
\end{aligned}$$

再由假设（E2），假设（E3），假设（E5）及（6.8）可得

$$\begin{aligned}
\sigma^2 \triangleq \mathrm{Var}(\eta_{i+1}) &= E[E(\eta_{i+1}^2 | F_i)] \\
&= \frac{1}{N^2\varphi(y)^2}[K_{0h}^*(r_i - y)g_H(r_i)]^2[E(\xi_{H(i+1)}^4) - 2E(\xi_{H(i+1)}^2) + 1] \\
&= \frac{m_4^H - 1}{N^2\varphi(y)^2}[K_{0h}^*(r_i - y)g_H(r_i)]^2 < \infty.
\end{aligned} \tag{6.27}$$

此外，对于 $\forall k > 0$，由 6.2 节中的平稳性假设可得

$$\sum_{i=1}^{N} E(\eta_{i+1}^2 I[\,|\eta_{i+1}| \geqslant k]) = \frac{1}{N}\sum_{i=1}^{N} E\Big(\frac{1}{N\varphi(y)^2}[K_{0h}^*(r_i - y)\, g_H(r_i)]^2 (\xi_{H(i+1)}^2 - 1)^2 \times$$

$$I\Big[\frac{1}{\varphi(y)^2}[K_{0h}^*(r_i - y)\, g_H(r_i)]^2 (\xi_{H(i+1)}^2 - 1)^2\Big] \geqslant N^2 k\Big)$$

$$= E\Big(\frac{1}{N\varphi(y)^2}[K_{0h}^*(r_i - y)\, g_H(r_i)]^2 (\xi_{H(i+1)}^2 - 1)^2 \times$$

$$I\Big[\frac{1}{\varphi(y)^2}[K_{0h}^*(r_i - y)\, g_H(r_i)]^2 (\xi_{H(i+1)}^2 - 1)^2\Big] \geqslant N^2 k\Big)$$

$$\longrightarrow 0(N \to \infty).$$

因此，由鞅差中心极限定理(引理 6.2)得

$$\sum_{i=1}^{N} \eta_{i+1} \xrightarrow{L} N(0, \sigma^2). \tag{6.28}$$

由(6.27)式可得 T_2 的方差为

$$\frac{m_4^H - 1}{N^2 \varphi(y)^2} \sum_{i=1}^{N-1} [K_{0h}^*(r_i - y)\, g_H(r_i)]^2 [1 + o_p(1)].$$

再根据 T_1 的思路，将上式中的求和转化为积分，并令积分变量 $r = y + hx$，结合引理 6.2 和(6.14)式可得

$$\begin{aligned} T_2 &= \frac{m_4^H - 1}{N\varphi(y)^2} \int \frac{1}{h^2} [K_0^*(x)\, g_H(y + hx)]^2 \varphi(y + hx) h \mathrm{d}x [1 + o_p(1)] \\ &= \frac{(m_4^H - 1)\|K_0^*\|_2^2 g_H^2(y)}{Nh\varphi(y)} [1 + o_p(1)] \\ &= \frac{1}{Nh} V_H(y)[1 + o_p(1)]. \end{aligned} \tag{6.29}$$

结合(6.26)，(6.28)及(6.29)式，定理 6.1 得证.

6.5.2　定理 6.2 的证明

下面给出定理 6.2 的证明，先证第一部分：当 $N \to \infty$ 时，$(\widehat{\mu_{Z_H}} - \mu_{Z_H}) = o_p(N^{-\frac{1}{2}})$. 由(6.7)和(6.12)式知，

$$\widehat{\mu}_{Z_H}-\mu_{Z_H}=\frac{1}{N-1}\sum_{n=2}^{N}\Big[\frac{\widehat{g}_H(r_{n-1})g(r_{n-1})-g_H(r_{n-1})g(r_{n-1})}{\widehat{g}(r_{n-1})g(r_{n-1})}-$$

$$\frac{g_H(r_{n-1})\widehat{g}(r_{n-1})-g_H(r_{n-1})g(r_{n-1})}{\widehat{g}(r_{n-1})g(r_{n-1})}\Big]$$

$$=\frac{1}{N-1}\sum_{n=2}^{N}\frac{1}{\widehat{g}(r_{n-1})}\{\widehat{g}_H(r_{n-1})-g_H(r_{n-1})\}-$$

$$\frac{1}{N-1}\sum_{n=2}^{N}\frac{g_H(r_{n-1})}{\widehat{g}(r_{n-1})g(r_{n-1})}\{\widehat{g}(r_{n-1})-g(r_{n-1})\}$$

$$\triangleq I_1+I_2. \tag{6.30}$$

先证 $I_1=o_p(N^{-1/2})$，I_2 的证明类似. 根据(6.25)式可得

$$I_1=\frac{1}{N-1}\sum_{n=2}^{N}\frac{1}{N\varphi(y)}\sum_{i=1}^{N-1}K_{0h}^{*}(r_i-r_{n-1})[g_H(r_i)-g_H(r_{n-1})-$$

$$g'_H(r_{n-1})(r_i-r_{n-1})][1+o_p(1)]\frac{1}{\widehat{g}(r_{n-1})}+\frac{1}{N-1}\sum_{n=2}^{N}\frac{1}{N\varphi(y)}\times$$

$$\sum_{i=1}^{N-1}K_{0h}^{*}(r_i-r_{n-1})\,g_H(r_i)(\xi_{H(i+1)}^2-1)[1+o_p(1)]\frac{1}{\widehat{g}(r_{n-1})}$$

$$\triangleq U_1+U_2.$$

根据(6.26)式及假设(E6)得

$$U_1=O_p(h^2),$$

而当 $h\sim N^{-r}$，$r\in(1/4,1)$ 时，根据引理6.3和引理6.4（Yoshihara，1976）[54]及假设(E4)可得

$$U_2=O_p(N^{-1}h^{-1/2})=o_p(N^{-1/2}).$$

因此有 $I_1=o_p(N^{-1/2})$，同理可得 $I_2=o_p(N^{-1/2})$，由(6.30)式可得

$$(\widehat{\mu}_{Z_H}-\mu_{Z_H})=o_p(N^{-\frac{1}{2}}).$$

下面证明 $\widetilde{g}(y)$ 的渐近正态性，由(6.7)和(6.13)式知，

$$\sqrt{Nh}\{\tilde{g}(y)-g(y)\}=\frac{\widehat{g_H}(y)\mu_{Z_H}-g_H(y)\mu_{Z_H}+g_H(y)\mu_{Z_H}-g_H(y)\widehat{\mu_{Z_H}}}{\widehat{\mu_{Z_H}}\mu_{Z_H}}$$

$$=\sqrt{Nh}\left\{\frac{1}{\widehat{\mu_{Z_H}}}[\widehat{g_H}(y)-g_H(y)]\right\}-$$

$$\sqrt{Nh}\left\{\frac{g_H(y)}{\widehat{\mu_{Z_H}}\mu_{Z_H}}[\widehat{\mu_{Z_H}}-\mu_{Z_H}]\right\}$$

$$\triangleq I_3+I_4.$$

因为 $\widehat{\mu_{Z_H}}-\mu_{Z_H}=o_p(N^{-1/2})$，所以

$$I_3=(1/\mu_{Z_H})\sqrt{Nh}\{\widehat{g_H}(y)-g_H(y)\}+o_p(1),$$

且 $I_4=o_p(1)$. 因此有

$$\sqrt{Nh}\{\tilde{g}(y)-g(y)\}=\frac{1}{\mu_{Z_H}}\sqrt{Nh}\{\widehat{g_H}(y)-g_H(y)\}+o_p(1).$$

由定理6.1中 $\widehat{g_H}(y)$的渐近正态性可知定理6.2成立.

6.6　本章小结

本章介绍了利用日内高频数据估计日频非参数ARCH(1)模型的方法. 该方法结合了非参数模型的灵活性和波动率代理模型的简洁性，未知波动率函数采用非参数估计中的局部线性估计法进行估计，且从理论上证明了该估计服从渐近正态分布. 数值模拟和实证研究结果均表明，与仅使用日度数据的模型相比，引入日内高频数据的非参数 ARCH(1) 模型的估计精度更高.

目前，非参数波动率模型已被广泛应用于预测金融市场的波动性，因此该方法在有高频率数据的金融资产波动率函数估计中具有一定的应用价值，可为今后考虑日内高频数据的非参数或半参数 ARCH/GARCH 类模型估计的研究提供参考.

第 7 章　基于日内高频数据的半参数 GARCH 模型的估计

GARCH 模型是描述和预测经济和金融领域波动最具影响力的模型之一. 然而, 大多数传统的 GARCH 模型通常使用日频数据来预测金融资产的收益、相关性和风险指标, 而忽略了其他频率的数据. 因此, 金融市场信息可能没有充分应用于 GARCH 类型模型的估计中. 为了解决这个问题, 本章介绍利用日内高频数据估计半参数 GARCH 模型的实现方法[53]. 我们分别在对称和非对称两种情形下讨论模型的估计, 并在较弱的假设条件下, 建立估计量的渐近正态性. 此外, 还讨论不同波动率代理对估计精度的影响.

7.1　日内半参数 GARCH 模型

7.1.1　半参数 GARCH 模型

设$\{r_n\}$为每日收益序列, Yang (2006)[52]引入了以下半参数 GARCH 模型来描述$\{r_n\}$的条件波动率:

$$r_n = \sigma_n \varepsilon_n,$$

$$\sigma_n^2 = g\left(\sum_{i=1}^{n} \alpha^{i-1} \upsilon(r_{n-i};\eta)\right), n = 1,2,\cdots, \tag{7.1}$$

其中, $\{\varepsilon_n\}_{n=0}^{\infty}$是独立同分布的随机变量序列, 与 r_0 独立, 满足 $E\varepsilon_n = 0$, $E\varepsilon_n^2 = 1$, $E\varepsilon_n^4 < +\infty$; $\{\sigma_n^2\}_{n=0}^{\infty}$表示条件波动率序列, 满足 $\sigma_n^2 = \mathrm{Var}(r_n | r_{n-1}, r_{n-2}, \cdots)$; 函数 $g(\cdot)$ 是一个未知的光滑非负的连接函数, 定义在$\{\mathbf{R}^+\} = [0, \infty]$ 上, $\alpha \in (0, 1)$; $\{\upsilon(y; \eta)\}_{\eta \in D}$ 是已知的非负函数族, 且关于 y 连续, 对于参数 $\eta \in D$ 是二阶连续可微的, 其中 $D = [\eta_1, \eta_2]$ 是具有 $\eta_1 < \eta_2$ 的紧区间. 方程 (7.1) 中的模型包含许多对称

模型和非对称模型作为特例. 一个典型例子是当 $g(x)=\beta x+\omega/(1-\alpha)$ 和 $v(y;\ \eta)=y^2+\eta y^2 I_{\{y<0\}}$时，方程（7.1）中的模型被简化为 GJR 模型（一个非对称模型）.

根据 Yang（2006）[52]的工作，为了方便起见，我们定义如下：

$$X_n=\sum_{i=0}^{n}\alpha^i v(r_{n-i};\ \eta),\ n=1,\ 2,\ \cdots, \tag{7.2}$$

然后，模型（7.1）可以转化为以下形式：

$$r_n=g^{1/2}(X_{n-1})\varepsilon_n,\ \sigma_n^2=g(X_{n-1}),\ n=1,\ 2,\ \cdots, \tag{7.3}$$

其中，过程$\{X_n\}_{n=0}^{\infty}$满足 Markovian 方程：

$$X_n=\alpha X_{n-1}+v(g^{1/2}(X_{n-1});\ \eta),\ n=1,\ 2,\ \cdots, \tag{7.4}$$

因此，模型（7.3）可重写为

$$r_n^2=g(X_{n-1})+g(X_{n-1})(\varepsilon_n^2-1). \tag{7.5}$$

进而，

$$E(r_n^2\,|\,X_{n-1}=x)=g(x),\ \mathrm{Var}(r_n^2\,|\,X_{n-1}=x)=g^2(x)[E(\varepsilon_n^4)-1]. \tag{7.6}$$

对于半参数 GARCH(1, 1)模型(7.1)，需要估计未知的连接函数 $g(x)$和参数 α，η. 我们在 7.2 节中介绍其估计方法.

7.1.2　半参数波动率代理模型

受非对称 GARCH 模型和非参数模型的启发，在 Visser（2011）[10]的尺度模型框架基础上，我们提出了一个半参数尺度模型：

$$R_n(u)=g^{1/2}(X_{n-1})\psi_n(u),\ 0\leqslant u\leqslant 1,\ \sigma_n^2=g(X_{n-1}),\ n=1,\ 2,\ \cdots, \tag{7.7}$$

其中，X_n 在（7.2）中定义，$R_n(u)$ 表示资产第 n 天连续时间的日内对数收益率过程，u 表示一天中的日内连续交易时间，$\psi_k(u)$ 和 $\psi_l(u)$（其中 $k\neq l$）表示不同天的标准噪声过程，相互独立且服从相同的概率分布. 将交易时间 u 标准化，则 $u\in[0,\ 1]$. 当 $u=1$ 时，有

$$R_n(1)=r_n,\ \psi_n(1)=\varepsilon_n,\ E\psi_n^2(1)=1. \tag{7.8}$$

此时，模型（7.7）简化为模型（7.3）. 易见，模型（7.7）和模型（7.3）具有相同的波动率函数和 $R_n(u)$ 结构，而模型（7.7）引入了日内高频收益率信息 $R_n(u)$. 因此，我们期待基于模型（7.7）可以获得更精确的波动率估计. 然而，$R_n(u)$ 和 X_n 的频率并不相同，不能直接对模型（7.7）进行估计.

波动率代理模型 H_n 是 $R_n(u)$ 的一个具有正齐性的函数，是日内已实现的波动率，详见第 2 章，这里不再赘述. 对于日内收益率（7.7），由正齐性，有

$$H(R_n(u))=g^{1/2}(X_{n-1})H(\psi_n(u)). \tag{7.9}$$

记

$$H_n\equiv H(R_n(u)),\ Z_{Hn}\equiv H(\psi_n(u)),\ \mu_{Z_H}=EZ_{Hn}^2,$$

$$\varepsilon_{Hn}=Z_{Hn}/\sqrt{\mu_{Z_H}},\ g_H(x)=g(x)\mu_{Z_H}, \tag{7.10}$$

于是，我们有如下半参数波动率代理模型：

$$H_n=g_H^{1/2}(X_{n-1})\varepsilon_{Hn},\ \sigma_n^2=g_H(X_{n-1}),\ n=1,\ 2,\ \cdots, \tag{7.11}$$

其中，$E(H_n^2\,|\,X_{n-1})=g_H(X_{n-1})$，$g_H(x)=g(x)\mu_{Z_H}$，$E\varepsilon_{Hn}^2=1$. 在模型（7.11）中，连接函数 $g_H(x)$，参数 α，η 和常数 μ_{Z_H}是待估的. 当 $H_n=|R_n(1)|=|r_n|$时，

$$E(H_n^2\,|\,r_{n-1})=g_H(r_{n-1})$$

退化为

$$E(r_n^2\,|\,r_{n-1})=g_H(r_{n-1}),$$

这意味着只有日频信息 r_n 用于估计. 因此，模型（7.11）包含了特殊情形，即日频模型（7.3）. 更重要的是，通过波动率代理可使模型（7.11）中不同变量的频率统一，因此更易于估计模型（7.11）.

7.2　波动率函数估计

7.2.1　当参数已知时的估计

在本节中，假设参数 α 和 η 已知，我们讨论模型（7.11）中的波动率函数 $g(\cdot)$ 估计. $\{r_n\}_{n=1}^{N}$ 是可观测的，基于日内对数收益率序列 $\{R_n(u)\}_{n=1}^{N}$，可计算波动率代理 $\{H_n\}_{n=1}^{N}$. 记

$$V=\begin{pmatrix} V_2 \\ V_3 \\ \vdots \\ V_N \end{pmatrix}=\begin{pmatrix} H_2^2 \\ H_3^2 \\ \vdots \\ H_N^2 \end{pmatrix},\ Z=\begin{pmatrix} 1 & \dfrac{r_1-x}{h} \\ 1 & \dfrac{r_2-x}{h} \\ \vdots & \vdots \\ 1 & \dfrac{r_{N-1}-x}{h} \end{pmatrix},$$

$$W=\mathrm{diag}\left\{\frac{1}{N}K_h(X_1-x),\ \cdots,\ \frac{1}{N}K_h(X_{N-1}-x)\right\},$$

$$K_h(\cdot)=\frac{1}{h}K\left(\frac{\cdot}{h}\right),\ E_1=(1,\ 0)^T,\ E_2=(0,\ 1)^T. \tag{7.12}$$

其中，$K(\cdot)$是任意的核函数，h 是窗宽. 参考 Yang（2006）[52]，基于方程（7.11），波动率函数 $g_H(x)$的局部线性估计可表示为

$$\widehat{g_H}(x)=E_1^T(Z^TWZ)^{-1}Z^TWV. \tag{7.13}$$

根据（7.13）式，可通过 $H_n=|R_n(1)|=|r_n|$来获得 $g(x)$的局部线性估计 $\widehat{g}(x)$. 需要注意的是，$\mu_{Z_H}=g_H(x)/g(x)$是一个依赖于 H_n 的未知参数. 根据 Liang 等(2021)[43]的研究，μ_{Z_H} 的估计可以定义为

$$\widehat{\mu_{Z_H}}=\frac{1}{N-1}\sum_{n=2}^{N}\frac{\widehat{g_H}(X_{n-1})}{\widehat{g}(X_{n-1})}. \tag{7.14}$$

其中，$\widehat{g}_H(X_{n-1})$和$\widehat{g}(X_{n-1})$可根据(7.13)式计算得到. 于是，引入日内高频信息的波动率函数$g(x)$的最终估计方程定义为

$$\widetilde{g}(x)=\frac{\widehat{g}_H(x)}{\widehat{\mu}_{Z_H}}. \tag{7.15}$$

以下定理表明，通过选择适当的波动率代理，$\widehat{g}_H(x)$和$\widetilde{g}(x)$的估计类似于标准的一元局部线性估计，并且可能具有较小的渐近方差.

7.2.2 估计量的渐近性质

在陈述极限性质之前，我们先定义所需符号. 令

$$\|K\|_2^2=\int K^2(x)\mathrm{d}x,\ \mu_r(K)=\int \mu^r K^2(x)\mathrm{d}x,$$

$$S=\begin{pmatrix}\mu_0(K) & \mu_1(K)\\ \mu_1(K) & \mu_2(K)\end{pmatrix},\ S^{-1}=\begin{pmatrix}S_{00} & S_{01}\\ S_{10} & S_{11}\end{pmatrix},$$

$$K_\lambda^*(x)=\sum\nolimits_{\lambda'=0}^{1}S_{\lambda\lambda'}u^{\lambda'}K(x),\ \Lambda_{\lambda,2}=\int K_\lambda^*(x)x^2\mathrm{d}x,\ \lambda=0,\ 1. \tag{7.16}$$

记$\gamma=(\alpha,\ \eta)$，不失一般性，假设$\gamma\in\Gamma=[\alpha_1,\ \alpha_2]\times[\eta_1,\ \eta_2]$，其中$0<\alpha_1<\alpha_2<1$，$-\infty<\eta_1<\eta_2<+\infty$. 设$\gamma'=(\alpha',\ \eta')\in\Gamma=[\alpha_1,\ \alpha_2]\times[\eta_1,\ \eta_2]$，

$$X_{\gamma'n}=\sum_{i=0}^{n}\alpha'^{i}\upsilon(r_{n-i};\eta')=\sum_{i=1}^{n}\alpha'^{i}\upsilon(g^{1/2}(X_{n-i-1})\varepsilon_{n-i};\ \eta'),n=1,2,\cdots, \tag{7.17}$$

$$g_{H\gamma'}(x)=E(H_n^2\,|\,X_{\gamma'n-1}=x), \tag{7.18}$$

$$L(\gamma')=\lim_{n\to\infty}E[H_n^2-g_{H\gamma'}(X_{\gamma'n-1})]^2\pi(\widetilde{X}_{n-1}), \tag{7.19}$$

其中$\pi(\cdot)$是非负连续的权重函数.

下面给出模型估计渐近性所需满足的假设条件：

(F1) 连接函数$g(\cdot)$在$\mathbf{R}^+$上的每个点都是正的，并且具有 Lipschitz 连续的二阶导数；

(F2) 序列$\{X_n\}_{n=0}^{\infty}$和$\{r_n\}_{n=0}^{\infty}$均是几何遍历过程，变量X_n具有 Lipschitz 连续的平

稳密度 $\varphi(\cdot)$，且 $\inf_{x\in A}\varphi(x)>0$，其中 A 为 $\mathbf{R}$ 中的紧子集且有非空的内点；

（F3）存在一个 $\tilde{\eta}\in D$，使得对 $\forall y\in\mathbf{R}$，有

$$v(y;\ \tilde{\eta})=\max_{\eta\in D}v(y;\ \eta),$$

且存在一个 δ，c_1，$c_2>0$，使得

$$\lim_{x\to\infty}\sup\frac{g^{\delta/2}(x)}{x}=g_0\in\left(0,\ \frac{1-\alpha_2}{m_\delta\{c_1+c_2|\bar{\eta}|\}}\right),$$

其中 $m_\delta=E|\varepsilon_1|^\delta<\infty$，且对每一个 $a>0$ 都有

$$Ev(a\,\varepsilon_1;\ \eta)\leqslant a^\delta m_\delta(c_1+c_2\eta);$$

（F4）过程 $\{X_n,\ X_{\gamma'n},\ \tilde{X}_n\}$ 具有平稳密度 $\varphi(x_n,\ x_{\gamma'n},\ \tilde{x}_n)$，并且存在常数 m 和 M，使得对 $\forall x\in A$ 和 $\gamma'\in\Gamma$，$X_{\gamma'1}$ 的边缘平稳密度 $\varphi_{\gamma'}(\cdot)$ 满足：$0<m\leqslant\varphi_{\gamma'}(x)\leqslant M\leqslant\infty$；

（F5）函数 $g_{H\gamma'}(x)$，$\gamma'\in\Gamma$ 满足 $\sup_{\gamma'\in\Gamma}\sup_{x\in A}|g_{H\gamma'}^{(p+1)}(x)|<+\infty$，同时 $\{X_n\}_{n=0}^{\infty}$ 对常数 $a>0$ 和 $b>0$，满足 $E\exp\{a|X_n|^b\}<\infty$；

（F6）函数 $L(\gamma')$ 在其唯一的最小值 γ 处具有正定的 Hessian 矩阵，并且局部上凸：存在常数 $C>0$，使得 $L(\gamma')\geqslant L(\gamma)+\|\gamma'-\gamma\|$，$\gamma'\in\Gamma$，其中 $\|\cdot\|$ 是 Euclidean 范数；

（F7）核函数 $K(\cdot)$ 有界且具有有界支撑；

（F8）条件密度满足

$$f_{r_0,r_l|V_1,V_{l+1}}(y_0,\ y_l|v_1,\ v_{l+1})\leqslant A_1<\infty,\quad\forall l\geqslant 1;$$

（F9）假定 $(r_1,\ V_2)$，…，$(r_{N-1},\ V_N)$ 为平稳 α 混合序列，对 α 混合过程，存在正整数列 $s_n\to\infty$ 且 $s_n=o\{(nh_n)^{1/2}\}$，混合系数 $\alpha(k)$ 满足

$$(n/h_n)^{1/2}\alpha(s_n)\to 0,\ n\to\infty;$$

（F10）对 α 混合过程，假定存在常数 $\delta>2$ 和 $a>1-2/\delta$，使得

$$\sum_k k^a[\alpha(k)]^{1-2/\delta}<\infty,\ E|V_0|^\delta<\infty,\ f_{r_0|V_1}(y_0|v_1)\leqslant A_2<\infty;$$

（F11）随机变量 ε_{Hn} 有连续概率密度函数，其处处为正，且 $m_4^H=E\varepsilon_{Hn}^4<\infty$.

定理 7.1 在假设（F1）~（F11）下，对于任意固定的 $x \in A$，$Nh \to \infty$，$Nh^5 = O(1)$，有

$$\sqrt{Nh}(\widehat{g}_H(x) - g_H(x) - h^2 b_H(x)) \xrightarrow{D} N(0, V_H(x)),$$

其中

$$b_H(x) = \Lambda_{0,2} g''_H(x)/2!,$$

$$V_H(x) = \|K_0^*\|_2^2 (m_4^H - 1) g_H^2(x) \varphi^{-1}(x).$$

定理 7.2 若假设（F1）~（F11）成立，对于 $r \in (1/4, 1)$，$h \sim N^{-r}$，则当 $N \to \infty$ 时，

$$(\widehat{\mu}_{Z_H} - \mu_{Z_H}) = o_p(N^{-\frac{1}{2}}),$$

且

$$\sqrt{Nh}(\tilde{g}(x) - g(x) - h^2 \tilde{b}(x)) \xrightarrow{D} N(0, \tilde{V}(x))$$

其中

$$\tilde{b}(x) = \Lambda_{0,2} g''(x)/2!,$$

$$\tilde{V}(x) = \|K_0^*\|_2^2 (m_4^H - 1) g^2(x) \varphi^{-1}(x).$$

注 7.1 在定理 7.1 中，当 $H_n = |r_n|$ 时，$\widehat{g}_H(x)$ 和 $g_H(x)$ 分别变为 $\widehat{g}(x)$ 和 $g(x)$. 因此，

$$b_H(x) = b(x) = \Lambda_{0,2} g''(x)/2!, \quad V_H(x) = V(x) = \|K_0^*\|_2^2 (m_4 - 1) g^2(x) \varphi^{-1}(x).$$

这里 $\widehat{g}(x)$ 是没有使用高频信息的估计量.

注 7.2 在定理 7.2 中，修正后的估计 $\tilde{g}(x)$ 与 $\widehat{g}(x)$ 具有相同的偏差项和不同的渐近方差项. 渐近方差 $\tilde{g}(x)$ 和 $\widehat{g}(x)$ 之间的主要区别在于：引入高频信息后，之前的项（$m_4 - 1$）变为（$m_4^H - 1$）. 因此，较小的 m_4^H 将导致 $\tilde{g}(x)$ 的较小的渐近方差. 可以通过

比较 m_4^H 的值来选择合适的波动率代理，这有助于获得更精确的波动率函数估计.

在实际应用中，$m_4^H = cEH_n^4/(EH_n^2)^2$，$c = [E(g(X_{n-1}))]^2/E[g^2(X_{n-1})]$. 令

$$m_4^{H*} = EH_n^4/(EH_n^2)^2.$$

由于 $c > 0$，$m_4^H = cEm_4^{H*} > 0$，所以最小的 m_4^{H*} 对应的波动率代理就是最优的代理.

7.2.3　参数估计

在前面记号和定义的基础上，进一步，定义序列 $\{\widetilde{X}_n\}$：

$$\widetilde{X}_n = \sum_{i=1}^{n} \alpha'^{i}_2 \upsilon(g_H^{1/2}(X_{n-i-1})\varepsilon_{n-i};\widetilde{\eta}),\ n=1,\ 2,\ \cdots, \tag{7.20}$$

其中，$\widetilde{\eta}$ 在假设（F3）中给出. 根据假设（F3），容易得到 $|X_{\gamma'n}| \leqslant \widetilde{X}_n$，$n = 1, 2, \cdots$，$\gamma' \in \Gamma$. 进而，对 $L(\gamma')$ 进行常规离差方差分解，可得

$$L(\gamma') = \lim_{n\to\infty} E[g_H(X_{n-1}) - g_{H\gamma'}(X_{\gamma'n-1})]^2 \pi(\widetilde{X}_{n-1}) +$$

$$(m_4 - 1)\lim_{n\to\infty} E[g_H^2(X_{n-1})]\pi(\widetilde{X}_{n-1}). \tag{7.21}$$

根据假设（F7），$L(\gamma')$ 在 γ 处存在唯一极小值点，且在局部是上凸的. 因此，可通过在 $X_{\gamma'n}$ 上最小化 H_n^2 的估计误差来计算参数真值 γ.

注意，对每个 $x \in A$，$\gamma' \in \Gamma$，定义 $V = (V_n)_{2\leqslant n\leqslant N}$，$V_n = H_n^2$，$n = 2, \cdots, N$. 则 $g_{H\gamma'}(x)$ 的估计量可定义为

$$\widehat{g}_{H\gamma'}(x) = E_1^T (Z_{\gamma'}^T W_{\gamma'} Z_{\gamma'})^{-1} Z_{\gamma'}^T W_{\gamma'} V, \tag{7.22}$$

其中

$$Z_{\gamma'} = \left\{\left(1,\ \frac{X_{\gamma'n} - x}{h}\right)\right\}_{1\leqslant n\leqslant N-1},\quad W_{\gamma'} = \mathrm{diag}\left\{\frac{1}{N}K_h(X_{\gamma'n} - x)\right\}_{n=1}^{N-1}.$$

相应的估计方程可定义为

$$\widehat{L}(\gamma') = \frac{1}{N}\sum_{n=2}^{N} [H_n^2 - \widehat{g}_{H\gamma'}(X_{\gamma'n-1})]^2 \pi(\widetilde{X}_{n-1}). \tag{7.23}$$

令 $\widehat{\gamma}$ 表示 γ 的估计量. 那么，可以通过最小化上述函数 $\widehat{L}(\gamma)$ 来获得 $\widehat{\gamma}$，即

$$\widehat{\gamma} = \arg\min_{\gamma' \in \Gamma} \widehat{L}(\gamma'). \tag{7.24}$$

以下定理表明估计量 $\widehat{\gamma}$ 满足渐近正态性.

定理 7.3　在假设（F1）~（F11）下，如果 $h \sim N^{-r}$，其中 $r \in (1/5, 1/4)$，那么当 $N \to \infty$ 时，由（7.24）式定义的估计量 $\widehat{\gamma}$ 满足

$$\sqrt{N}(\widehat{\gamma} - \gamma) \longrightarrow N(0, \{\nabla^2 L(\gamma)\}^{-1} \Sigma \{\nabla^2 L(\gamma)\}^{-1}),$$

其中

$$\Sigma = 4(m_4^H - 1) E[g_H^2(X_1) \pi(\widetilde{X}_1) \{\nabla g_{H\gamma'}(X_{\gamma' 1})\} \{\nabla g_{H\gamma'}(X_{\gamma' 1})\}^T |_{\gamma' = \gamma}].$$

值得注意的是，当 $\gamma' = \gamma$ 时，（7.18）式中的 $g_{H\gamma'}(x)$ 变为（7.13）式中的 $\widehat{g}_H(x)$. 因此，将估计值 $\widehat{\gamma}$ 视为参数真值时，可用 $g_{H\gamma'}(x)$ 很好地逼近 $\widehat{g}_H(x)$. 进而，可根据（7.14）和（7.15）式获得函数 $\widetilde{g}(\cdot)$ 的最终估计.

7.3　定理的证明

此处，我们给出定理 7.1 和定理 7.2 的证明，定理 7.3 的证明类似 Yang(2006)[52] 定理 3 的证明，此处省略. 定理 7.1 和定理 7.2 的证明要用到第 6 章中的引理 6.1 至引理 6.4，除此之外，还需要用到两个新的引理，在证明定理之前，先给出这两个引理.

引理 7.1　对任意的 $j(0 \leqslant j \leqslant k-1)$，令 $f(x_1, \cdots, x_k)$ 是 Borel 函数，则存在 $\delta > 0$，使得 $\int_{R^{kp}} \cdots \int |f(x_1, \cdots, x_k)|^{1+\delta} \mathrm{d}P_j^{(k)} \leqslant M$ 成立. 则有

$$\int_{R^{kp}} \cdots \int |f(x_1, \cdots, x_k)|^{(1+\delta)} \mathrm{d}P_0^{(k)} - \int_{R^{kp}} \cdots \int |f(x_1, \cdots, x_k)|^{(1+\delta)} \mathrm{d}P_j^{(k)}$$

$$\leqslant 4M^{\frac{1}{(1+\delta)}} \beta^{\frac{\delta}{(1+\delta)}} (i_{j+1} - i_j).$$

引理 7.2　假设存在一个正数 δ，对于 $r = 2 + \delta$，存在 $r > 2(i)$，使得

$$\mu_r = \int_{R^{pm}} \cdots \int |g_1(x_1, \cdots, x_m)|^r \mathrm{d}F(x_1)\cdots\mathrm{d}F(x_m) \leqslant M_0 < \infty$$

成立，对于所有的整数 i_1，i_2，…，i_m 满足（$i_1 < i_2 < \cdots < i_m$），使得

$$v_r = E|g_1(X_{i1}, \cdots, X_{im})|^r \leqslant M_0 < \infty$$

成立，且 $\delta'(0<\delta'<\delta)$，$\beta(n) = O\left(n^{-\frac{(2+\delta')}{\delta'}}\right)$，则

$$E(X_n^{(k)})^2 = O(n^{-(1+c)}), \ (2 \leqslant c \leqslant m),$$

其中 $c = \dfrac{2(\delta-\delta')}{\delta'(2+\delta)} > 0.$

引理 7.1 和引理 7.2 的证明可参阅文献 Yoshihara（1976）[54].

7.3.1　定理 7.1 的证明

证明　由（7.12）式中矩阵的记号，易得

$$E_1^T(Z^TWZ)^{-1}Z^TWZE_1 = 1, \ E_1^T(Z^TWZ)^{-1}Z^TWZE_2 = 0,$$

由(7.13)式可得

$$\begin{aligned}\widehat{g}_H(x) - g_H(x) &= E_1^T(Z^TWZ)^{-1}Z^TWV - g_H(x)E_1^T(Z^TWZ)^{-1}Z^TWZE_1 - \\ &\quad g'_H(x)hE_1^T(Z^TWZ)^{-1}Z^TWZE_2 \\ &\triangleq Q1 - Q2 - Q3. \end{aligned} \tag{7.25}$$

下面分别考虑 $Q1$，$Q2$ 和 $Q3$. 由（7.12），（7.16），（7.25）式及引理 7.1，可得

$$\begin{aligned} Q1 &= E_1^T(Z^TWZ)^{-1}Z^TWV \\ &= \frac{1}{\varphi(x)}E_1^TS^{-1}[1+o_p(1)]Z^TWV \\ &= \frac{1}{N\varphi(x)}(1, \ 0)\begin{pmatrix} K_{0h}^*(X_1-x) & \cdots & K_{0h}^*(X_{N-1}-x) \\ K_{1h}^*(X_1-x) & \cdots & K_{1h}^*(X_{N-1}-x) \end{pmatrix}[1+o_p(1)]\begin{pmatrix} H_2^2 \\ H_3^2 \\ \vdots \\ H_N^2 \end{pmatrix} \end{aligned}$$

$$= \frac{1}{N\varphi(x)} \sum_{i=1}^{N-1} K_{0h}^{*}(X_i - x) H_{i+1}^2 [1 + o_p(1)]$$

$$= \frac{1}{N\varphi(x)} \sum_{i=1}^{N-1} K_{0h}^{*}(X_i - x)\, g_H(X_i)\, \varepsilon_{H(i+1)}^2 [1 + o_p(1)]. \tag{7.26}$$

$$Q2 = g_H(x) E_1^T (Z^T W Z)^{-1} Z^T W Z E_1$$

$$= \frac{1}{\varphi(x)} g_H(x) E_1^T S^{-1} [1 + o_p(1)] Z^T W Z E_1$$

$$= \frac{1}{N\varphi(x)} g_H(x) (1,\ 0) \begin{pmatrix} K_{0h}^{*}(X_1 - x) & \cdots & K_{0h}^{*}(X_{N-1} - x) \\ K_{1h}^{*}(X_1 - x) & \cdots & K_{1h}^{*}(X_{N-1} - x) \end{pmatrix} \times$$

$$[1 + o_p(1)] \begin{pmatrix} 1 & \frac{X_1 - x}{h} \\ 1 & \frac{X_2 - x}{h} \\ \vdots & \vdots \\ 1 & \frac{X_{N-1} - x}{h} \end{pmatrix} \begin{pmatrix} 1 \\ 0 \end{pmatrix}$$

$$= \frac{1}{N\varphi(x)} g_H(x) \sum_{i=1}^{N-1} K_{0h}^{*}(X_i - x) [1 + o_p(1)]. \tag{7.27}$$

$$Q3 = g'_H(x) h E_1^T (Z^T W Z)^{-1} Z^T W Z E_2$$

$$= \frac{1}{\varphi(x)} g'_H(x) h E_1^T S^{-1} [1 + o_p(1)] Z^T W Z E_2$$

$$= \frac{1}{N\varphi(x)} g'_H(x) (1,\ 0) \begin{pmatrix} K_{0h}^{*}(X_1 - x) & \cdots & K_{0h}^{*}(X_{N-1} - x) \\ K_{1h}^{*}(X_1 - x) & \cdots & K_{1h}^{*}(X_{N-1} - x) \end{pmatrix} \times$$

$$[I + o_p(1)] \begin{pmatrix} 1 & \frac{X_1 - x}{h} \\ 1 & \frac{X_2 - x}{h} \\ \vdots & \vdots \\ 1 & \frac{X_{N-1} - x}{h} \end{pmatrix} \begin{pmatrix} 0 \\ 1 \end{pmatrix}$$

$$= \frac{1}{N\varphi(x)} g'_H(x) \sum_{i=1}^{N-1} (X_i - x) K_{0h}^{*}(X_i - x) [1 + o_p(1)]. \tag{7.28}$$

结合（7.26），（7.27）及（7.28）式可得

$$\widehat{g_H}(x)-g_H(x)=\frac{1}{N\varphi(x)}\sum_{i=1}^{N-1}K_{0h}^*(X_i-x)\,g_H(X_i)\,\varepsilon_{H(i+1)}^2[1+o_p(1)]-$$

$$\frac{1}{N\varphi(x)}g_H(x)\sum_{i=1}^{N-1}K_{0h}^*(X_i-x)[1+o_p(1)]-$$

$$\frac{1}{N\varphi(x)}g'_H(x)\sum_{i=1}^{N-1}(X_i-x)K_{0h}^*(X_i-x)[1+o_p(1)]$$

$$\triangleq T_1-T_2. \tag{7.29}$$

此处

$$T_1=\frac{1}{N\varphi(x)}\sum_{i=1}^{N-1}K_{0h}^*(X_i-x)[g_H(X_i)-g_H(x)-g'_H(x)(X_i-x)][1+o_p(1)],$$

$$T_2=\frac{1}{N\varphi(x)}\sum_{i=1}^{N-1}K_{0h}^*(X_i-x)\,g_H(X_i)(\varepsilon_{H(i+1)}^2-1)[1+o_p(1)].$$

T_1，T_2的表达式只需要对（7.29）式的项进行泰勒展开并整理得到. 进一步将T_1中的求和转化为积分，并令积分变量 $X=x+hy$，可得

$$T_1=\frac{1}{\varphi(x)}\int K_0^*(x)[g_H(x+hy)-g_H(x)-g'_H(x)y]\varphi(x+hy)\mathrm{d}y[1+o_p(1)]$$

$$=\frac{1}{\varphi(x)}\varphi(x)\frac{h^2}{2!}g''_H(x)\int K_0^*(y)y^2\mathrm{d}y[1+o_p(1)]$$

$$=\frac{\Lambda_{0,2}g''_H(x)}{2!}h^2+o_p(h^2)$$

$$=h^2\,b_H(x)+o_p(h^2). \tag{7.30}$$

（7.30）式中的第二个等号只需要将第一个等号中的 $g_H(x+hy)$ 展开到二阶即可. 下面证明 T_2 是渐近正态的，令 F_i 为到 i 时刻止的历史信息所生成的 σ − 域，

$$\eta_{i+1}=\frac{1}{N\varphi(x)}K_{0h}^*(X_i-x)g_H(X_i)(\varepsilon_{H(i+1)}^2-1).$$

则$\{\eta_{i+1}\}_{i=1}^{N}$为关于 F_i 的鞅差序列，且 $E(\eta_{i+1}|F_i)=0$，

$$\begin{aligned}\mathrm{Var}(\eta_{i+1}|F_i)&=E(\eta_{i+2}^2|F_i)\\&=\frac{1}{N^2\varphi(x)^2}[K_{0h}^*(X_i-x)g_H(X_i)]^2[E(\varepsilon_{H(i+1)}^4|F_i)-2E(\varepsilon_{H(i+1)}^2|F_i)+1].\end{aligned}$$

再由假设(F7)～(F11)及(7.11)式可得

$$\begin{aligned}\sigma^2\triangleq\mathrm{Var}(\eta_{i+1})&=E[E(\eta_{i+1}^2|F_i)]\\&=\frac{1}{N^2\varphi(x)^2}[K_{0h}^*(X_i-x)g_H(X_i)]^2[E(\varepsilon_{H(i+1)}^4)-2E(\varepsilon_{H(i+1)}^2)+1]\\&=\frac{m_4^H-1}{N^2\varphi(x)^2}[K_{0h}^*(X_i-x)g_H(X_i)]^2<\infty.\end{aligned}\tag{7.31}$$

此外，对于$\forall k>0$，由假设(F7)及平稳性假设可得

$$\begin{aligned}\sum_{i=1}^{N}E(\eta_{i+1}^2I[|\eta_{i+1}|\geqslant k])&=\frac{1}{N}\sum_{i=1}^{N}E\Big(\frac{1}{N\varphi(x)^2}[K_{0h}^*(X_i-x)\,g_H(X_i)]^2(\varepsilon_{H(i+1)}^2-1)^2\times\\&\qquad I[\frac{1}{\varphi(x)^2}[K_{0h}^*(X_i-x)\,g_H(X_i)]^2(\varepsilon_{H(i+1)}^2-1)^2]\geqslant N^2k\Big)\\&=E\Big(\frac{1}{N\varphi(x)^2}[K_{0h}^*(X_i-x)\,g_H(X_i)]^2(\varepsilon_{H(i+1)}^2-1)^2\times\\&\qquad I[\frac{1}{\varphi(x)^2}[K_{0h}^*(X_i-x)\,g_H(X_i)]^2(\varepsilon_{H(i+1)}^2-1)^2]\geqslant N^2k\Big)\\&\longrightarrow 0(N\to\infty).\end{aligned}$$

因此，由鞅差中心极限定理得

$$\sum_{i=1}^{N}\eta_{i+1}\xrightarrow{L}N(0,\sigma^2).\tag{7.32}$$

由(7.31)式可得 T_2 的方差为

$$\frac{m_4^H-1}{N^2\varphi(x)^2}\sum_{i=1}^{N-1}[K_{0h}^*(X_i-x)\,g_H(X_i)]^2[1+o_p(1)].$$

再根据 T_1 的思路，将上式中的求和转化为积分，并令积分变量 $X = x + hy$，结合(7.15)式可得

$$T_2 = \frac{m_4^H - 1}{N\varphi(x)^2} \int \frac{1}{h^2}[K_0^*(x) g_H(x+hy)]^2 \varphi(x+hy) h\mathrm{d}y[1 + o_p(1)]$$

$$= \frac{(m_4^H - 1)\|K_0^*\|_2^2 g_H^2(x)}{Nh\varphi(x)}[1 + o_p(1)]$$

$$= \frac{1}{Nh} V_H(x)[1 + o_p(1)]. \tag{7.33}$$

结合（7.30），（7.32）及（7.33）式，定理 7.1 得证.

7.3.2　定理 7.2 的证明

先证第一部分：当 $N \to \infty$ 时，$(\widehat{\mu_{Z_H}} - \mu_{Z_H}) = o_p(N^{-\frac{1}{2}})$. 由（7.7）式和（7.12）式知，

$$\widehat{\mu_{Z_H}} - \mu_{Z_H} = \frac{1}{N-1} \sum_{n=2}^{N} \Big[\frac{\widehat{g_H}(X_{n-1}) g(X_{n-1}) - g_H(X_{n-1}) g(X_{n-1})}{\widehat{g}(X_{n-1}) g(X_{n-1})} -$$

$$\frac{g_H(X_{n-1})\widehat{g}(X_{n-1}) - g_H(X_{n-1}) g(X_{n-1})}{\widehat{g}(X_{n-1}) g(X_{n-1})} \Big]$$

$$= \frac{1}{N-1} \sum_{n=2}^{N} \frac{1}{\widehat{g}(X_{n-1})} \{\widehat{g_H}(X_{n-1}) - g_H(X_{n-1})\} -$$

$$\frac{1}{N-1} \sum_{n=2}^{N} \frac{g_H(X_{n-1})}{\widehat{g}(X_{n-1}) g(X_{n-1})} \{\widehat{g}(X_{n-1}) - g(X_{n-1})\}$$

$$\triangleq I_1 + I_2. \tag{7.34}$$

下面先证 $I_1 = o_p(N^{-1/2})$，I_2 的证明类似. 由（7.25）式可得

$$I_1 = \frac{1}{N-1} \sum_{n=2}^{N} \frac{1}{N\varphi(x)} \sum_{i=1}^{N-1} K_{0h}^*(X_i - X_{n-1})[g_H(X_i) - g_H(X_{n-1}) -$$

$$g'_H(X_{n-1})(X_i - X_{n-1})][1 + o_p(1)]\frac{1}{\widehat{g}(X_{n-1})} + \frac{1}{N-1}\sum_{n=2}^{N}\frac{1}{N\varphi(x)} \times$$

$$\sum_{i=1}^{N-1} K_{0h}^*(X_i - X_{n-1})\, g_H(X_i)(\varepsilon_{H(i+1)}^2 - 1)[1 + o_p(1)]\frac{1}{\widehat{g}(X_{n-1})}$$

$$\triangleq U_1 + U_2.$$

根据(7.30)式及假设(F11)得

$$U_1 = O_p(h^2).$$

而当 $h \sim N^{-r}$，$r \in (1/4,\ 1)$时，根据引理 6.3、引理 6.4 及假设(F9)可得

$$U_2 = O_p(N^{-1}h^{-1/2}) = o_p(N^{-1/2}).$$

因此有 $I_1 = o_p(N^{-1/2})$，同理可得 $I_2 = o_p(N^{-1/2})$，再由(7.34)式可得

$$(\widehat{\mu}_{Z_H} - \mu_{Z_H}) = o_p(N^{-\frac{1}{2}}).$$

下面，证明 $\widetilde{g}(x)$ 的渐近正态性，由(7.7)式和(7.13)式知，

$$\begin{aligned}\sqrt{Nh}\{\widetilde{g}(x) - g(x)\} &= \frac{\widehat{g}_H(x)\mu_{Z_H} - g_H(y)\mu_{Z_H} + g_H(x)\mu_{Z_H} - g_H(x)\widehat{\mu}_{Z_H}}{\widehat{\mu}_{Z_H}\mu_{Z_H}} \\ &= \sqrt{Nh}\left\{\frac{1}{\widehat{\mu}_{Z_H}}[\widehat{g}_H(x) - g_H(x)]\right\} - \\ &\quad \sqrt{Nh}\left\{\frac{g_H(x)}{\widehat{\mu}_{Z_H}\mu_{Z_H}}[\widehat{\mu}_{Z_H} - \mu_{Z_H}]\right\} \\ &\triangleq I_3 + I_4.\end{aligned}$$

由于 $\widehat{\mu}_{Z_H} - \mu_{Z_H} = o_p(N^{-1/2})$，于是有

$$I_3 = (1/\mu_{Z_H})\sqrt{Nh}\{\widehat{g}_H(x) - g_H(x)\} + o_p(1),$$

且 $I_4 = o_p(1)$，因此有

$$\sqrt{Nh}\{\widetilde{g}(x) - g(x)\} = \frac{1}{\mu_{Z_H}}\sqrt{Nh}\{\widehat{g}_H(x) - g_H(x)\} + o_p(1).$$

由定理 7.1 中 $\widehat{g}_H(x)$ 的渐近正态性可知定理 7.2 成立.

7.4　数值模拟

这一节中，我们通过数值模拟实验来检测估计量 $\tilde{g}(x)$ 的有限样本性能. 为了模拟 r_n 和 $R_n(u)$，首先需要模拟日内噪声过程 $\psi_n(u)$，由 Visser(2011)[10]知，由以下两个过程模拟：

$$dY_n(u) = -\delta(Y_n(u) - \mu)du + \sigma_Y dB_n^{(2)}(u),$$

$$d\psi_n(u) = e^{Y_n(u)} dB_n^{(1)}(u), \quad u \in [0, 1].$$

其中，布朗运动 $B_n^{(1)}$ 与 $B_n^{(2)}$ 不相关，$\psi_n(0)=0$ 且 $Y(0)$ 可从 $N(\mu, \sigma_Y^2)$ 中抽样得到. 将时间单元［0，1］划分成 240 个小区间. 令

$$\delta = 1/2, \quad \sigma_Y = 1/4, \quad \mu = 1/16, \quad g(y) = 0.1 + 0.5y^2.$$

考虑三个波动率代理 H_n：5 分钟已实现波动率，记为 $H5_n$；30 分钟已实现波动率，记为 $H30_n$；日绝对对数收益率 $|r_n|$. 此处，已实现的波动率按（6.6）式计算.

对于模型（7.11），我们考虑了两种非对称模型：

例 7.1　$\alpha=0.5$，$\eta=0.1$，$\Gamma=[0.4, 0.6]\times[0, 0.2]$，$g(x)=0.1(2x+1)/(1-\alpha)$，且 $V(x; \eta)=x^2+\eta x^2 I_{\{x<0\}}$.

例 7.2　$\alpha=0.2$，$\eta=0.1$，$\Gamma=[0.1, 0.3]\times[0, 0.2]$，$g(x)=\frac{1}{\sqrt{2\pi\sigma^2}}e^{-\frac{(x-0.5)^2}{2\sigma^2}}$，$\sigma=0.4$ 且 $V(x; \eta)=x^2+\eta x^2 I_{\{x<0\}}$.

将样本容量分别设定为 $N=300$，600，900，试验重复次数设定为 100 次. 为了获得估计量 $\tilde{g}(x)$，带宽设置为 $1.06\times \mathrm{std}(X_n)\times N^{-1/5}$，核函数设置为 $K(x)=0.75(1-x^2)_+$. 根据模拟得到 X_{n-1} 的 10% 和 90% 分位数，定理 7.1 中的子集 A 被定义为［0.2，2］，并且对每一个波动率代理 $H5_n$，$H30_n$，$|r_n|$，设置网格点向量为 $G=[0.2:0.025:2]$.

图 7.1 和图 7.2 分别给出了例 7.1 和例 7.2 在不同波动率代理下对应的波动率函数

估计曲线图. 在两幅图中，细曲线表示 100 次重复试验的估计曲线 $\tilde{g}(G_i)$，粗曲线表示每个样本容量下每个代理的真实曲线. 从左到右的三列对应于样本量 $N=300$，600，900.

如图 7.1 和图 7.2 所示，对于每个样本容量，特别是在小样本情形下，代理 $H5_n$ 下的估计量表现最佳. 这与子图（a_4）、（b_4）和（c_4）中的结果一致，表明在代理 $H5_n$ 下，m_4^{H*} 的估计值通常比其他代理小. 代理 $H30_n$ 下的估计量比代理 $|r_n|$ 显示出更精确的估计. 随着样本容量的增加，每个代理都显示出更好的拟合性能，这证实了定理 7.2 中的渐近正态性.

不同频率数据场景下 α 和 η 的均值估计结果见表 7.1. 容易发现，与日频代理 $|r_n|$ 相比，高频代理下的均值参数估计结果更精确. 根据模拟结果，发现引入日内高频数据能有效提高半参数 GARCH 模型参数估计和波动率函数估计的精度.

表 7.1 不同频率数据场景下 α 和 η 的平均估计结果

N	代理	例 7.1		例 7.2	
		$\hat{\alpha}$	$\hat{\eta}$	$\hat{\alpha}$	$\hat{\eta}$
300	$H5_n$	0.4965	0.1030	0.1958	0.1013
	$H30n$	0.4865	0.1051	0.1991	0.0840
	$\|r_n\|$	0.4852	0.1055	0.2050	0.1051
600	$H5_n$	0.5003	0.1061	0.1957	0.1112
	$H30n$	0.4950	0.1012	0.2097	0.0991
	$\|r_n\|$	0.4906	0.1147	0.2041	0.1143
900	$H5_n$	0.5029	0.0969	0.1941	0.0973
	$H30n$	0.4983	0.1010	0.2027	0.1080
	$\|r_n\|$	0.5031	0.1034	0.1814	0.1013

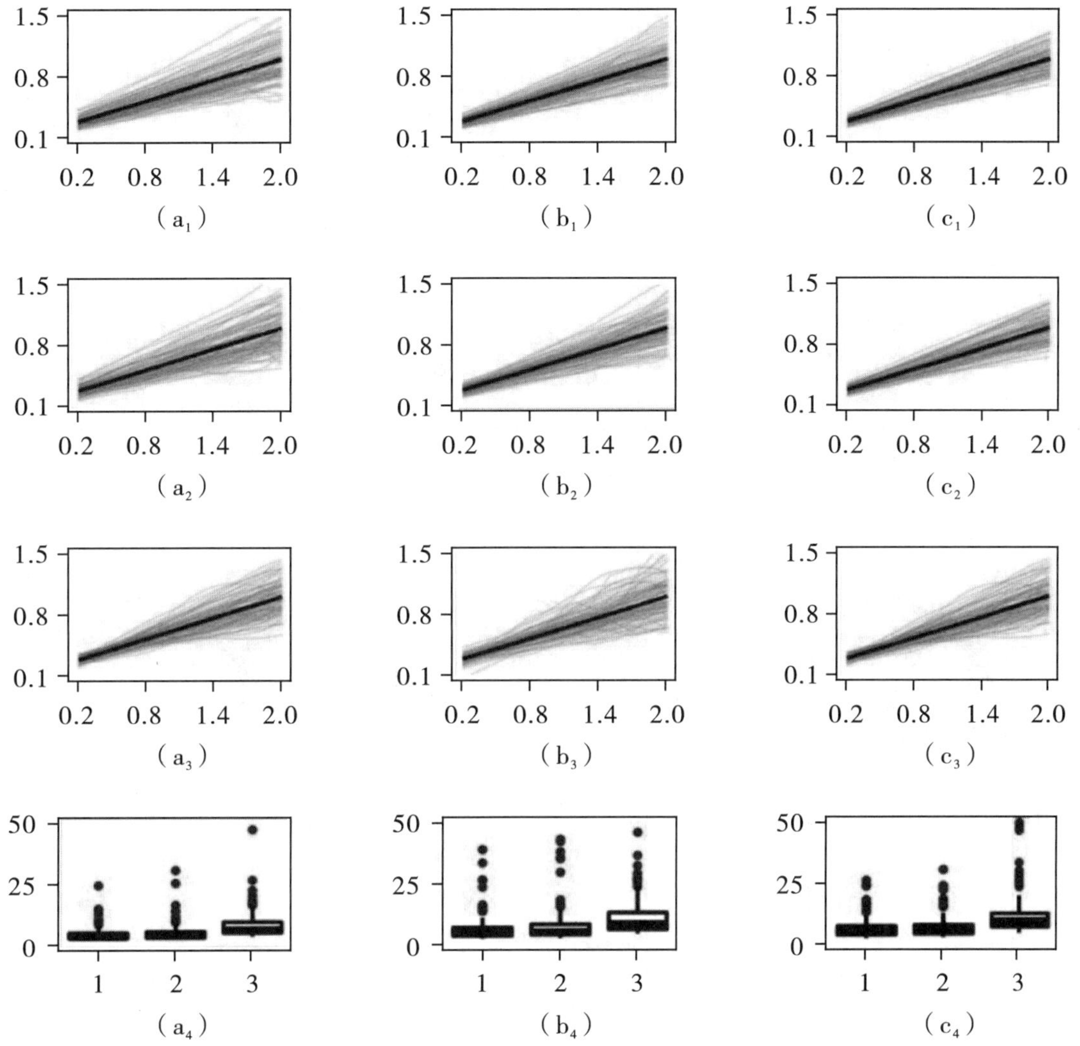

图 7.1　例 7.1 函数 $g(G_i)$ 的估计曲线与 m_4^{H*} 估计值的箱线图

注：连接函数估计曲线 $\tilde{g}(G_i)$ 用细线表示，真实函数 $g(G_i)$ 用粗线表示. 子图 (a_1)、(a_2) 和 (a_3) 分别是波动率代理 $H5_n$、$H30_n$ 和 $|r_n|$ 对应的估计曲线（$N=300$），子图 (b_1)、(b_2) 和 (b_3) 分别是波动率代理 $H5_n$、$H30_n$ 和 $|r_n|$ 对应的估计曲线（$N=600$），子图 (c_1)、(c_2) 和 (c_3) 分别是波动率代理 $H5_n$、$H30_n$ 和 $|r_n|$ 对应的估计曲线（$N=900$）. 子图 (a_4)、(b_4) 和 (c_4) 分别是样本量为 300、600、900 下的波动率代理 $H5_n$、$H30_n$ 和 $|r_n|$ 对应的 m_4^{H*} 估计值的箱线图.

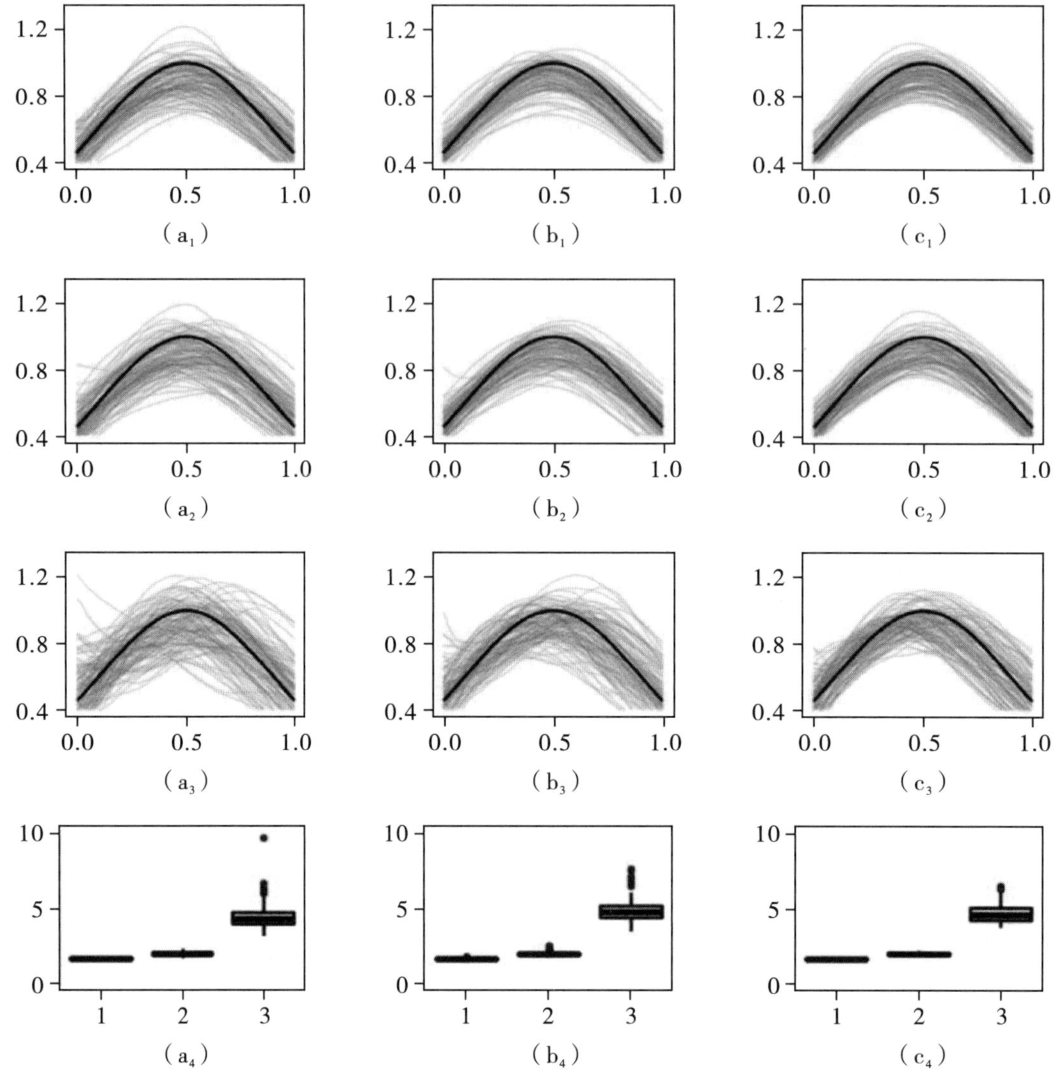

图 7.2　例 7.2 函数 $g(G_i)$ 的估计曲线与 m_4^{H*} 估计值的箱线图

注：连接函数估计曲线 $\tilde{g}(G_i)$ 用细线表示，真实函数 $g(G_i)$ 用粗线表示. 子图（a_1）、（a_2）和（a_3）分别是波动率代理 $H5_n$、$H30_n$ 和 $|r_n|$ 对应的估计曲线（$N=300$），子图（b_1）、（b_2）和（b_3）分别是波动率代理 $H5_n$、$H30_n$ 和 $|r_n|$ 对应的估计曲线（$N=600$），子图（c_1）、（c_2）和（c_3）分别是波动率代理 $H5_n$、$H30_n$ 和 $|r_n|$ 对应的估计曲线（$N=900$）. 子图（a_4）、（b_4）和（c_4）分别是样本量为 300、600、900 下的波动率代理 $H5_n$、$H30_n$ 和 $|r_n|$ 对应的 m_4^{H*} 估计值的箱线图.

7.5　实证研究

在本节中，我们考察所提模型在实际样本中的表现. 考虑上证指数（000001），选取 2004 年 4 月 2 日到 2010 年 4 月 2 日共 1458 个交易日采样频率为 1 分钟的高频数据. 考虑 11 种不同的波动率代理：从 1 分钟已实现波动率 $H1_n$ 到 10 分钟已实现波动率 $H10_n$，以及日频绝对收益 $|r_n|$.

计算 11 个不同波动率代理（$H1_n$，…，$H10_n$，$|r_n|$）对应模型下的 m_4^{H*} 的估计值：

3.6370，2.4960，2.2525，2.1855，2.1993，2.1783，2.2584，2.3804，2.3623，2.3910，4.7623.

易见，其中 $H6_n$ 对应模型下的 m_4^{H*} 估计值最小. 为比较不同抽样频率的影响，我们选择 4 种频率的波动率代理：$H1_n$，$H6_n$，$H10_n$ 和 $|r_n|$.

根据 X_{n-1} 的 10% 和 90% 分位数，将定理 7.1 中的子集 A 设置为［5，50］，将网格点向量设置为 $G=[5:0.01:50]$. 参考 7.2 节，计算每个估计域中 γ' 的 $\{X_{\gamma' n}\}_{n=1}^{1458}$. 窗宽设置为 $1.06\times \mathrm{std}(X_n)\times n^{-1/5}$，并计算 $g(x)$ 的 95% 置信区间为

$$\hat{g}(x)\pm z_{0.975}\sqrt{\frac{\|K_0^*\|_2^2(m_4^{H*}-1)\hat{g}^2(x)}{\hat{\varphi}(x)nh}},$$

其中 $z_{0.975}=1.96$，$\hat{\varphi}(x)$ 是由 Silverman（1986）[55] 定义的普通核密度估计量.

表 7.2 给出了 4 个波动率代理下模型的参数估计结果. 图 7.3 展示了半参数 GARCH(1，1) 模型中函数 $g(x)$ 的函数估计结果. 可以发现，$|r_n|$ 和 $H1_n$ 下的估计参数和函数显示出不同的表现. 这并不令人意外，因为 $H1_n$ 使用了极高频的数据，其中可能包含了大量噪声，从而导致结果不可靠. 对于代理变量 $|r_n|$，没有使用高频信息，其结果可能不太充分. 作为比较，$H6_n$ 和 $H10_n$ 下的结果更加相似、稳定和合理，这与 $H6_n$ 在不同代理变量中表现最优的事实一致.

表 7.2　参数估计值

参数	$\lvert r_n \rvert$	$H1_n$	$H6_n$	$H10_n$
$\hat{\alpha}$	0.70	0.71	0.59	0.59
$\hat{\alpha}$ 渐近标准差	0.1912	0.1431	0.1638	0.1907
$\hat{\eta}$	0.39	0.55	0.93	0.93
$\hat{\eta}$ 渐近标准差	0.0639	0.0210	0.0331	0.0528

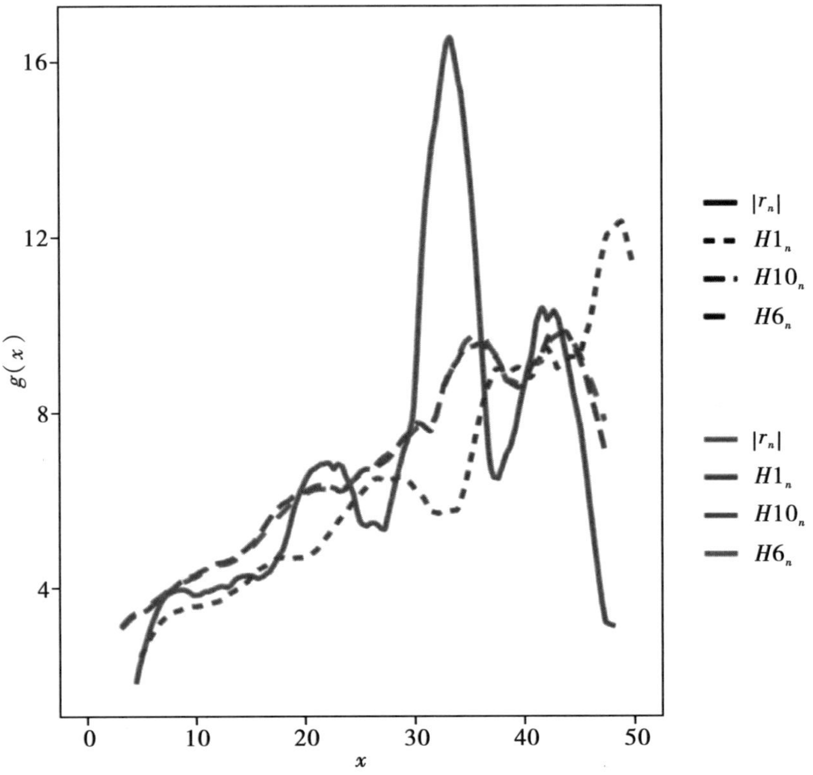

图 7.3　$H1_n$，$H6_n$，$H10_n$ 和 $\lvert r_n \rvert$ 对应半参数 GARCH 模型的 $g(x)$ 函数的估计曲线

有趣的是比较不同代理变量下的置信区间. 为了给出清晰的演示，我们只绘制了 $H6_n$ 和 $\lvert r_n \rvert$ 下 $g(x)$ 的置信区间. 图 7.3 至图 7.5 展示了 $g(x)$ 估计曲线及其 95% 置信区间的时间序列图. 可以看到，$H6_n$ 和 $\lvert r_n \rvert$ 下估计的函数 $g(x)$ 表现出不同的波动. 此外，$H6_n$ 下的置信区间通常比 $\lvert r_n \rvert$ 下的置信区间更窄. 因此，$H6_n$ 下的估计结果似乎更精确和合理.

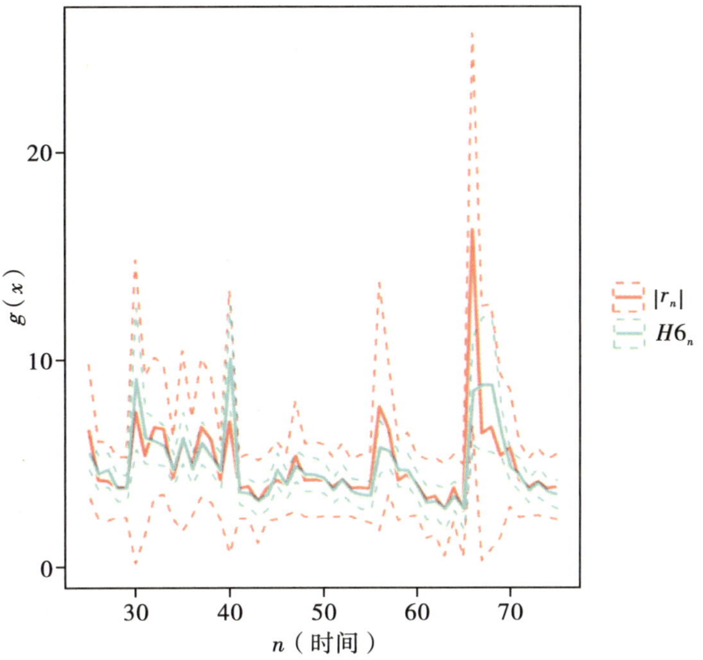

图 7.4　$H6_n$ 和 $|r_n|$ 对应半参数 GARCH 模型 $g(x)$ 函数估计曲线及其 95% 的置信区间（第 30～70 天）

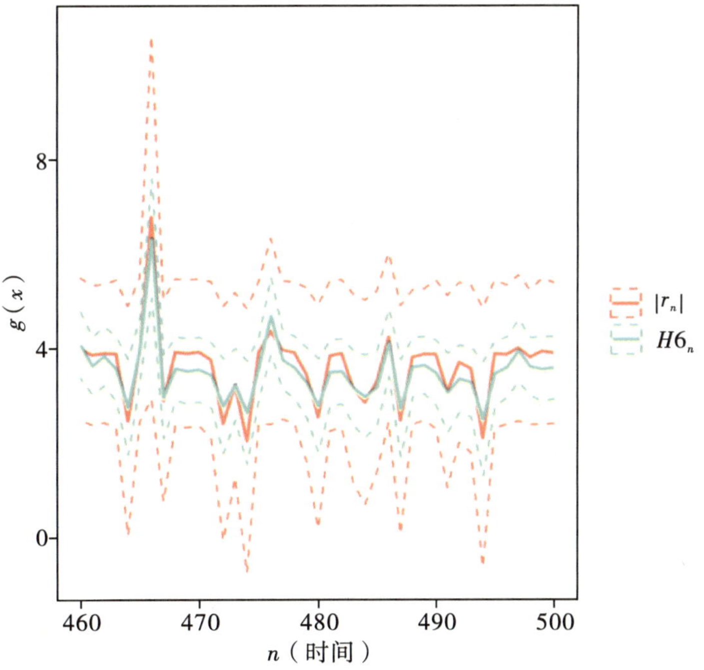

图 7.5　$H6_n$ 和 $|r_n|$ 对应半参数 GARCH 模型 $g(x)$ 函数估计曲线及其 95% 的置信区间

（第 460～500 天）

7.6 本章小结

本章我们介绍了基于高频数据的一种半参数波动率模型，这一模型包含了许多对称和非对称 GARCH 模型的特例. 本章给出了模型参数和未知函数的估计，讨论了参数估计的渐近性质，并给出了详细的证明. 数值模拟部分通过大量的蒙特卡洛实验对模型估计的渐近性质进行了验证. 实证研究部分讨论了模型在实际样本中的具体表现. 数值模拟和实证研究均表明，通过选择适当的波动率代理变量，模型的估计精度可以得到有效提高. 本章的工作具有启发性，并可使用日内高频数据，进一步研究其他对称或非对称半参数 GARCH 模型的估计.

第 8 章　波动率代理模型的检验

前面讨论的都是基于高频数据 GARCH 类模型的参数估计问题，而模型应用的一个重要前提是假设检验．为了得到经验上的验证，所有的理论最终都可归结为一个可验证的假设．现有文献中，已有众多关于假设检验的讨论[56-63]．常用的模型参数显著性检验法有三种：拉格朗日乘数（LM）检验、沃尔德（Wald）检验及似然比（LR）检验．由第 3 章和第 4 章的讨论可知，对于波动率代理（VP-GARCH）模型，采用不同的参数估计法或采用波动率代理，得出的模型参数估计不尽相同．一个自然的想法是，采用不同检验法的模型检验效果会有什么不同呢？本章我们介绍关于 VP-GARCH 模型的 3 种常用检验法，并讨论模型在三种检验法下的功效差异[64]．

8.1　VP-GARCH 模型的检验

拉格朗日乘数检验、沃尔德检验和似然比检验是统计推断理论中三种常见的检验．下面我们将通过第 2 章中的 VP-GARCH 模型（2.15）~（2.16）讨论这三种检验．为简化记号，在本章中，我们把 VP-GARCH 模型的 QMLE $\widehat{\theta}_H$ 用 $\widehat{\theta}$ 表示．

8.1.1　需要检验的问题

参照 Bollerslev（1986）[2]、Lee 和 Song（2008）[56] 的检验程序，对 VP-GARCH 模型（2.15）~（2.16），考虑如下假设：

$$H_0: \gamma^0 = \beta^0 = 0 \quad \text{vs} \quad H_1: \gamma^0 \text{ 和 } \beta^0 \text{ 中至少存在一个大于 } 0.$$

记 $\widehat{\theta}$ 为 VP-GARCH 模型的拟极大似然估计，原假设下参数的真值记为 θ^0．通常，LM 检验基于似然函数在原假设 H_0 下 θ^0 处的得分而构建，LR 检验是根据似然函数在原假设

H_0 和备择假设 H_1 下的函数差 $L_{HN}(\theta^0)-L_{HN}(\widehat{\theta})$ 而建立的，Wald 检验则是根据原假设 H_0 下参数真值与备择假设 H_1 下的参数值的差 $\theta^0-\widehat{\theta}$ 而建立的，三种检验度量的都是原假设 H_0 与备择假设 H_1 的距离.

8.1.2 三种检验

LM 检验最初由 Rao（1948）[65]提出，也被称作得分检验和 Rao's 检验. 其基本思想是使得对数似然函数在原假设 H_0 下达到最大. 记 $F(\theta, \gamma)$ 为拉格朗日乘数：

$$F(\theta, \gamma)=L_{HN}(\theta, \gamma)-\lambda^T(\theta-\theta^0). \tag{8.1}$$

其一阶导数满足

$$\frac{\partial L_{HN}}{\partial\theta}=\lambda;\quad \theta=\theta^0. \tag{8.2}$$

这说明，限制条件下似然函数的最大值处，拉格朗日乘数因子 λ 等于似然函数的得分 $\frac{\partial L_{HN}(\theta^0)}{\partial\theta}$. 从而 LM 检验统计量构建如下：

$$T_{LM}=\frac{1}{N}S(\theta^0)^TB_0^{-1}S(\theta^0), \tag{8.3}$$

其中

$$B_0=E[l'_{H0}(\theta^0)l'_{H0}(\theta^0)^T],$$

$$l'_{Hn}(\theta)=-\frac{h'_n(\theta)}{2h_n(\theta)}\left(1-\frac{H_n^2}{h_n(\theta)}\right).$$

此处，$h'_n(\theta)$ 是 $h_n(\theta)$ 关于参数 θ 的导数向量.

Wald 检验由 Wald（1943）[66]最早提出，它是基于参数估计的渐近分布而建立的检验. 根据定理 2.3，$\widehat{\theta}$ 有如下渐近正态分布：

$$\sqrt{N}(\widehat{\theta}-\theta^0)\xrightarrow{d}N(0, V_0),\quad N\to\infty,$$

其中

$$V_0 = \mathrm{Var}(Z_H^2) G_H^{-1}(\theta^0), \quad G_H(\theta^0) = E\left[\frac{1}{\sigma_0^4} h'_0(\theta^0) h'_0(\theta^0)^T\right].$$

于是，Wald 检验统计量建立如下：

$$T_W = N(\hat{\theta} - \theta^0)^T V(\hat{\theta})^{-1} (\hat{\theta} - \theta^0), \tag{8.4}$$

其中 $V(\hat{\theta}) = \mathrm{Var}(Z_H^2) G_H^{-1}(\hat{\theta})$，$G_H(\hat{\theta}) = E\left[\frac{1}{\sigma_0^4} h'_0(\hat{\theta}) h'_0(\hat{\theta})^T\right]$.

LR 检验是根据原假设和备择假设下的似然函数差而构建的，见 Wilks（1938）[67]. 对于 VP-GARCH 模型，LR 检验统计量给出如下：

$$T_{LR} = -2(L_{HN}(\theta^0) - L_{HN}(\hat{\theta})). \tag{8.5}$$

在模型的基本假设和 QML 的正则性条件下，我们可以证明这三种检验是等价的，且具有相同的极限分布.

8.1.3　三种检验统计量的渐近分布

定理 8.1　若假设（A°1）~（A°5）和 QML 的正则性条件（B1）~（B5）成立，则统计量 T_{LM}、T_W 和 T_{LR}^* 是等价的，且在原假设成立下具有相同的极限分布，即自由度为 3 的 χ^2 分布，其中 $T_{LR}^* = \mathrm{Var}^{-1}(Z_H^2) T_{LR}$.

证明　（1）证明 LM 检验统计量 T_{LM} 服从渐近的 χ^2 分布.

通过计算似然函数的一阶和二阶导数，易得

$$l'_{Hn}(\theta) = -\frac{h'_n(\theta)}{2h_n(\theta)}\left(1 - \frac{H_n^2}{h_n(\theta)}\right),$$

$$l''_n(\theta) = -\frac{1}{2h_n^2(\theta)}\left[h'_n(\theta) h'_n(\theta)^T \left(2\frac{H_n^2}{h_n(\theta)} - 1\right)\right] + h''_n(\theta)(h_n(\theta) - H_n^2),$$

其中

$$h'_n = \left((2\tau_H v_n^2), \ \tau_H^2\left(r_{n-1}^2 + \beta\frac{\partial v_n^2}{\partial \gamma}\right), \ \tau_H^2(v_{n-1}^2)\right)^T.$$

由 Straumann(2006)[21] 中的命题 3.12、命题 6.1 及命题 6.2，可知 $l'_{Hn}(\theta)$ 和 $l''_n(\theta)$ 是平

稳遍历序列. 又由定理2.3可知，对于充分大的N，有$\widehat{\theta}\to\theta^0$，对数似然函数$L'_{HN}(\widehat{\theta})$在$\theta^0$处实施泰勒展开，可得

$$L'_{HN}(\widehat{\theta}) = L'_{HN}(\theta^0) + L''_{HN}(\zeta)(\widehat{\theta} - \theta^0), \tag{8.6}$$

其中$|\zeta - \theta^0| \leqslant |\widehat{\theta} - \theta^0|$，而函数$L_{HN}(\theta)$在$\widehat{\theta}$处取最大值，于是(8.6)式可等价地写成

$$\frac{L''_{HN}(\zeta)(\widehat{\theta} - \theta^0)}{N} = -\frac{1}{N}L'_{HN}(\theta^0). \tag{8.7}$$

根据 Straumann(2006)[21]中的定理2.7，我们有

$$\frac{L''_{HN}(\zeta)}{N} \xrightarrow{a.s.} L''_{HN}(\theta), \quad N\to\infty, \quad \theta\in\Theta. \tag{8.8}$$

其中$L''_{HN}(\theta) = E[l''_{H0}(\theta)]$，记$-A_0 = E[l''_{H0}(\theta^0)]$. 令$h_n(\theta) = \sigma_n^2(\theta)$，则有$h_n(\theta^0) = \sigma_n^2(\theta^0)\, a.s.$，$H_n = \sigma_n Z_{Hn}$. 于是，不难得到

$$A_0 = E[l''_{H0}(\theta^0)] = \frac{1}{2}E\left[\frac{1}{\sigma_0^4}h'_0(\theta^0)h'_0(\theta^0)^T\right] = \frac{1}{2}G_H(\theta^0), \tag{8.9}$$

且有$\widehat{\theta}\to\theta^0$，$\zeta\to\theta^0$，因此

$$-\frac{L''_{HN}(\zeta)}{N} \xrightarrow{a.s.} A_0. \tag{8.10}$$

于是

$$-\frac{L''_{HN}(\zeta)}{N} = A_0 + o_p(1), \tag{8.11}$$

从而

$$L'_{HN}(\theta^0) = \sum_{n=1}^{N} l'_{Hn}(\theta^0) = \frac{1}{2}\sum_{n=1}^{N}\frac{h'_n(\theta^0)}{\sigma_n^2(\theta^0)}(Z_{Hn}^2 - 1). \tag{8.12}$$

这里$\{l'_{Hn}(\theta^0)\}_{n\in N}$是关于$\{F_n\}$的一个鞅差序列，由于$h'_n/\sigma_n^2$是$F_{n-1}$-可测的，且$Z_{Hn}$与$F_{n-1}$相互独立，$EZ_H^2<\infty$，因而序列$\{l'_{Hn}(\theta^0)\}_{n\in N}$是平方可积的. 运用平方可积鞅差中心极限定理，见 Hannan(1973)[68]中的定理18.3，于是有

$$\frac{L'_{HN}(\theta^0)}{\sqrt{N}} \xrightarrow{d} N(0,\ B_0),\ N\to\infty, \tag{8.13}$$

其中

$$\begin{aligned} B_0 &= E[l'_{H0}(\theta^0) l'_{H0}(\theta^0)^T] \\ &= \operatorname{Var}\left[\frac{L'_{HN}(\theta^0)}{\sqrt{N}}\right] \\ &= \frac{1}{4}E\left[\frac{1}{\sigma_0^4}h'_0(\theta^0)h'_0(\theta^0)^T(Z_H^2-1)^2\right] \\ &= \frac{1}{4}\operatorname{Var}(Z_H^2)G_H(\theta^0). \end{aligned} \tag{8.14}$$

注意到似然函数的得分 $S(\theta^0) = L'_{HN}(\theta^0)$，从而

$$\frac{1}{N}S(\theta^0)^T B_0^{-1} S(\theta^0) \xrightarrow{d} \chi^2(3),\ N\to\infty. \tag{8.15}$$

于是，当原假设 H_0 成立时，T_{LM} 的渐近分布为自由度为 3 的卡方分布. 这里，“3”是参数 θ^0 的维数.

（2）Wald 检验.

由定理 2.3 可知，模型（2.17）~（2.18）的 QMLE $\widehat{\theta}$ 具有如下正态分布：

$$\sqrt{N}(\widehat{\theta}-\theta^0) \xrightarrow{d} N(0,\ V_0),\ N\to\infty, \tag{8.16}$$

其中

$$V_0 = \operatorname{Var}(Z_H^2)G_H^{-1}(\theta^0),\ G_H(\theta^0) = E\left[\frac{1}{\sigma_0^4}h'_0(\theta^0)h'_0(\theta^0)^T\right].$$

易证 $V(\widehat{\theta})$ 是 V_0 的相合估计，$V(\widehat{\theta}) \xrightarrow{a.s.} V_0$. 因此，Wald 检验统计量

$$T_W = N(\widehat{\theta}-\theta^0)^T V(\widehat{\theta})^{-1}(\widehat{\theta}-\theta^0)$$

也是渐近地服从自由度为 3 的卡方分布.

（3）LR 检验.

根据 LR 检验原理，LR 检验统计量为

$$T_{LR} = -2(L_{HN}(\theta^0) - L_{HN}(\widehat{\theta})). \tag{8.17}$$

对拟似然函数 $L_{HN}(\theta^0)$在 $\widehat{\theta}$ 处实施泰勒展开，(8.17)式可重写为

$$L_{HN}(\theta^0) = L_{HN}(\widehat{\theta}) + \frac{1}{2}(\theta^0 - \widehat{\theta})^T \frac{\partial^2 L_{HN}(\zeta)}{\partial\theta\partial\theta^T}(\theta^0 - \widehat{\theta}). \tag{8.18}$$

于是，LR 检验统计量可写成

$$\begin{aligned} T_{LR} &= -2(L_{HN}(\theta^0) - L_{HN}(\widehat{\theta})) \\ &= -(\theta^0 - \widehat{\theta})^T \frac{\partial^2 L_{HN}(\zeta)}{\partial\theta\partial\theta^T}(\theta^0 - \widehat{\theta}), \end{aligned} \tag{8.19}$$

其中 $\theta^0 \to \widehat{\theta}$，$\zeta \to \theta^0$. 注意到

$$-\frac{1}{N}\frac{\partial^2 L_{HN}(\zeta)}{\partial\theta\partial\theta^T} = A_0 + o_p(1),$$

且 $A_0 = \frac{1}{2}G_H(\theta^0)$，$V_0 = \mathrm{Var}(Z_H^2)G_H(\theta^0)^{-1}$，易得 $A_0 = \frac{1}{2}\mathrm{Var}(Z_H^2)V_0^{-1}$. 从而(8.19)式可转化成

$$\begin{aligned} T_{LR} &= N(\theta^0 - \widehat{\theta})^T A_0(\theta^0 - \widehat{\theta}) + o_p(1) \\ &= \frac{1}{2}\mathrm{Var}(Z_H^2)N(\theta^0 - \widehat{\theta})^T V_0^{-1}(\theta^0 - \widehat{\theta}) + o_p(1) \\ &= \frac{1}{2}\mathrm{Var}(Z_H^2)T_W + o_p(1). \end{aligned} \tag{8.20}$$

因此有

$$T_{LR}^* = 2\mathrm{Var}^{-1}(Z_H^2)T_{LR} \approx T_W \sim \chi^2(3). \tag{8.21}$$

另外，由（8.7）式，拟似然函数 $L_{HN}(\theta)$的得分函数可重写为

$$
\begin{aligned}
S(\theta^0) &= \frac{1}{N}\frac{\partial L_{HN}(\theta^0)}{\partial\theta} \\
&= -\frac{1}{N}\frac{\partial^2 L_{HN}(\zeta)}{\partial\theta\partial\theta^T}(\widehat{\theta}-\theta^0) \\
&= \frac{1}{N}\frac{\partial^2 L_{HN}(\zeta)}{\partial\theta\partial\theta^T}(\theta^0-\widehat{\theta}).
\end{aligned}
\tag{8.22}
$$

注意到 $-\frac{1}{N}\frac{\partial^2 L_{HN}}{\partial\theta\partial\theta^T}(\zeta)=A_0+o_p(1)$，于是 LM 统计量可化为

$$
\begin{aligned}
T_{LM} &= \frac{1}{N}S(\theta^0)^T B_0^{-1}S(\theta^0) \\
&= N(\widehat{\theta}-\theta^0)^T A_0B_0^{-1}A_0(\widehat{\theta}-\theta^0)+o_p(1) \\
&= N(\widehat{\theta}-\theta^0)^T V_0^{-1}(\widehat{\theta}-\theta^0)+o_p(1)\approx T_W.
\end{aligned}
\tag{8.23}
$$

因此，在原假设 H_0 成立下，统计量 T_{LM}，T_W 和 T_{LR}^* 均渐近地服从自由度为 3 的卡方分布.

注 8.1　这里定理 8.1 还告诉我们，这三种检验都有一个共同点：残差项平方的方差 $\mathrm{Var}(Z_H^2)$越小，检验统计量的取值趋于越大. 因此，较小的 $\mathrm{Var}(Z_H^2)$对应的统计量将有更大的概率落入拒绝域中. 换句话说，三种检验的功效取决于 $\mathrm{Var}(Z_H^2)$的大小. 此外，虽然这 3 种检验被证明是渐近等价的，但他们在有限样本中的表现可能不尽相同，参见文献 Godfrey(1978)[69]、Breusch(1979)[70]和 Evans(1982)[71].

8.2　数值模拟

本节中，我们通过蒙特卡罗法测试三种检验在不同波动率代理 H_n 下的 VP-GARCH 模型的有限样本表现. 我们对 VP 模型(2.17)～(2.18)进行 1000 次重复模拟. 为模拟日内对数收益率过程 $\psi_n(\cdot)$，把单位时间区间[0，1]分割成 240 个小区间，采用如下 Ornstein-Uhlenbeck 过程：

$$dY_n(u) = -\delta(Y_n(u) - \mu)du + \sigma_Y dB_n^{(2)}(u), \tag{8.24}$$

$$d\psi_n(u) = e^{Y_n(u)} dB_n^{(1)}(u), \quad u \in [0, 1]. \tag{8.25}$$

其中，

$$\mu = -1/16, \ \delta = 1/2, \ \sigma_Y = 1/4,$$

布朗运动过程 $B_n^{(1)}$ 和 $B_n^{(2)}$ 是不相关的两个过程，$\psi_n(0)=0$，$Y(0)$ 可由其平稳过程产生. 进一步，根据过程 $\psi_n(\cdot)$ 产生 $R_n(\cdot)$. 对不同的参数 (γ, β)，我们固定 $\tau_H=1$ 来产生样本路径 $(v_n\tau_H)$.

对每一个交易日 n，我们考虑四个波动率代理：1 分钟的波动率代理 $RV1_n$，5 分钟的波动率代理 $RV5_n$，10 分钟的波动率代理 $RV10_n$，以及日绝对对数收益率 $|r_n|$. 这里，1 分钟的波动率代理计算如下：

$$RV1_n = \sqrt{\sum_{k=1}^{m}[R_n(u_k) - R_n(u_{k-1})]^2}. \tag{8.26}$$

5 分钟的波动率代理和 10 分钟的波动率代理类似可算.

取显著性水平为 $\alpha=0.05$，我们首先考虑 3 种检验在不同波动率代理模型下的经验水平(size). 取样本量分别为 $N=400$，800，1200，1600，2000，3000. 模拟结果见表 8.1，表中还列出了残差项平方的方差 $\mathrm{Var}(Z_H^2)$. 从表 8.1 中可以看到，不同的波动率代理在不同检验方法下的经验水平结果不尽相同. 在本次实验中，LR 检验和 Wald 检验的经验水平一致小于 0.05，而 LM 检验的结果，除了日绝对对数收益率 $|r_n|$ 外，其余波动率代理模型的经验水平都接近 0.05.

为研究模型的检验功效(power)，我们取参数 $(\gamma, \beta)=(0.01, 0.025)$，分别在样本量 $N=400$，800，1200，1600，2000，3000 下，观察不同波动率代理下三种检验统计量检验功效的变化，具体结果见表 8.1. 随后我们固定样本量 $N=400$，$\beta=0.025$，分别取参数 $\gamma=0.01$，0.02，0.04，0.06，0.08，观察不同波动率代理随 γ 变动下的功效变化，结果见表 8.2.

表 8.1 四个波动率代理模型的三种检验的经验水平和功效

N	检验	Size(γ, β) = (0, 0)				N	检验	Power(γ, β) = (0.01, 0.025)			
		$H1_n$	$H5_n$	$H10_n$	$\|r_n\|$			$H1_n$	$H5_n$	$H10_n$	$\|r_n\|$
400	LM	0.051	0.048	0.045	0.087	400	LM	0.223	0.184	0.155	0.075
	LR	0.015	0.014	0.015	0.015		LR	0.277	0.231	0.193	0.046
	Wald	0.013	0.009	0.011	0.009		Wald	0.265	0.217	0.169	0.036
	Var(Z_H^2)	0.244	0.286	0.338	2.486		Var(Z_H^2)	0.246	0.287	0.339	2.540
800	LM	0.055	0.058	0.065	0.081	800	LM	0.432	0.365	0.327	0.068
	LR	0.012	0.013	0.018	0.015		LR	0.477	0.425	0.360	0.065
	Wald	0.009	0.010	0.013	0.010		Wald	0.469	0.406	0.344	0.038
	Var(Z_H^2)	0.244	0.286	0.338	2.562		Var(Z_H^2)	0.247	0.289	0.342	2.570
1200	LM	0.058	0.056	0.046	0.077	1200	LM	0.621	0.542	0.424	0.049
	LR	0.017	0.014	0.011	0.014		LR	0.656	0.592	0.482	0.068
	Wald	0.013	0.014	0.010	0.012		Wald	0.646	0.573	0.452	0.041
	Var(Z_H^2)	0.245	0.287	0.340	2.565		Var(Z_H^2)	0.248	0.290	0.343	2.641
1600	LM	0.050	0.057	0.062	0.081	1600	LM	0.767	0.680	0.603	0.073
	LR	0.009	0.014	0.020	0.013		LR	0.794	0.721	0.645	0.085
	Wald	0.009	0.012	0.015	0.009		Wald	0.792	0.705	0.644	0.062
	Var(Z_H^2)	0.245	0.287	0.339	2.597		Var(Z_H^2)	0.248	0.291	0.343	2.668
2000	LM	0.041	0.047	0.054	0.059	2000	LM	0.877	0.810	0.714	0.083
	LR	0.014	0.014	0.015	0.008		LR	0.894	0.830	0.737	0.111
	Wald	0.011	0.011	0.006	0.008		Wald	0.882	0.826	0.737	0.090
	Var(Z_H^2)	0.246	0.288	0.341	2.616		Var(Z_H^2)	0.248	0.291	0.344	2.669
3000	LM	0.055	0.049	0.052	0.059	3000	LM	0.969	0.946	0.897	0.147
	LR	0.019	0.015	0.016	0.010		LR	0.974	0.953	0.908	0.185
	Wald	0.016	0.014	0.012	0.009		Wald	0.971	0.947	0.904	0.159
	Var(Z_H^2)	0.246	0.289	0.341	2.632		Var(Z_H^2)	0.249	0.292	0.345	2.677

表 8.2 四个波动率代理模型的三种检验的功效

γ	检验	Power，$\beta=0.025$，$N=400$			
		$H1_n$	$H5_n$	$H10_n$	$\lvert r_n \rvert$
0.01	LM	0.223	0.184	0.155	0.075
	LR	0.277	0.231	0.193	0.046
	Wald	0.265	0.217	0.169	0.036
	$\mathrm{Var}(Z_H^2)$	0.246	0.287	0.339	2.540
0.02	LM	0.380	0.325	0.258	0.061
	LR	0.488	0.421	0.348	0.078
	Wald	0.446	0.392	0.314	0.053
	$\mathrm{Var}(Z_H^2)$	0.245	0.286	0.339	2.535
0.04	LM	0.785	0.702	0.614	0.055
	LR	0.877	0.816	0.766	0.140
	Wald	0.859	0.775	0.701	0.082
	$\mathrm{Var}(Z_H^2)$	0.245	0.287	0.338	2.525
0.06	LM	0.978	0.944	0.898	0.091
	LR	0.991	0.979	0.959	0.257
	Wald	0.989	0.975	0.946	0.138
	$\mathrm{Var}(Z_H^2)$	0.247	0.289	0.342	2.577
0.08	LM	0.997	0.992	0.977	0.160
	LR	1.000	1.000	0.996	0.383
	Wald	0.999	0.999	0.993	0.232
	$\mathrm{Var}(Z_H^2)$	0.247	0.289	0.342	2.546

从表 8.1 和表 8.2 可见，LR 检验和 Wald 检验的功效显著优于 LM 检验，且 LR 检验的功效在三种检验中表现最好．为便于观察不同波动率代理在不同样本量及不同参数取值下功效的变化，我们将表 8.1 和表 8.2 的功效趋势绘于图 8.1.

从图 8.1 中，我们可以观测到每一种检验的功效随着样本量的增加而增加．在相同的样本量下，较小的方差 $\mathrm{Var}(Z_H^2)$ 对应的波动率代理模型(2.15)～(2.16)的 GARCH 效应检验的功效越高．容易发现，没有利用日内高频数据的日绝对对数收益率 $\lvert r_n \rvert$ 的功效在所讨论的波动率代理中是最低的.

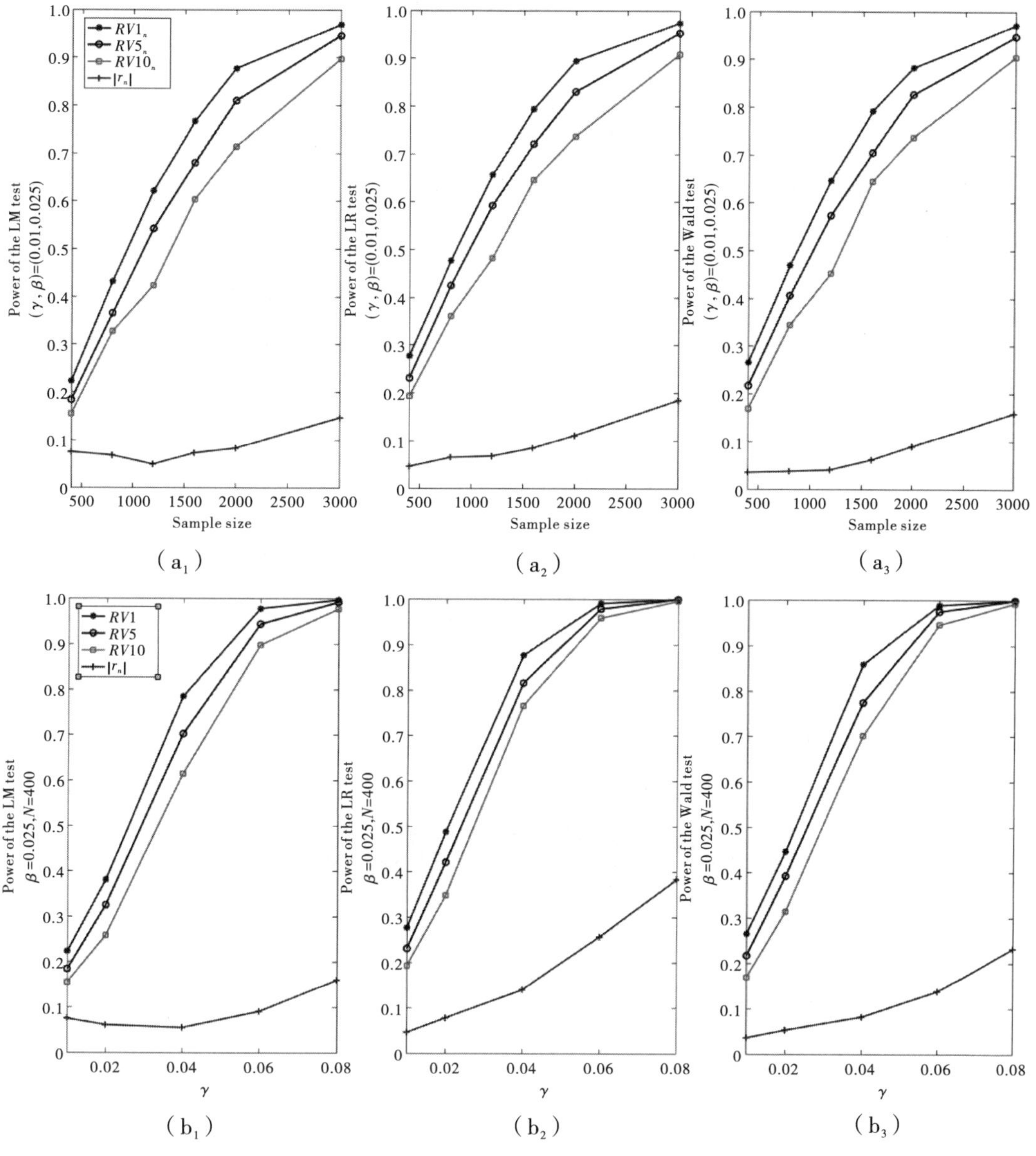

图 8.1　四个波动率代理模型的三种检验的功效趋势图

注：图(a_1) ~ (a_3)对应表 8.1 中的功效；图(b_1) ~ (b_3)对应表 8.2 中的功效.

8.3 实证研究

这一节中，我们采用不同波动率代理模型，对沪深 300 指数的日内收益率过程进行分析. 沪深 300 指数由 300 只规模大、流动性强的中国 A 股组成，基本上可以反映中国 A 股市场的整体表现. 考虑的数据集是从 2017 年 9 月 1 日至 2019 年 7 月 12 日，共 466 天，采样频率为 1 分钟，每天 241 次观测获得的共 112306 条数据. 对于某个交易日 n，计算日内对数收益率过程 $R_n(u)$，其中 $0 \leqslant u \leqslant 1$. 记 $P_n(u)$ 为第 n 日的日内价格序列，可通过下列公式计算日内的对数收益率：

$$R_n(u) = 100[\log P_n(u) - \log P_{n-1}(1)], \quad u \in [0, 1]. \tag{8.27}$$

我们将日内对数收益率过程 $R_n(\cdot)$ 的趋势图绘于图 8.2 和图 8.3，还绘出了连续 5 天 ($R_n(\cdot)$, $n=251$, …, 255) 的日内对数收益率过程.

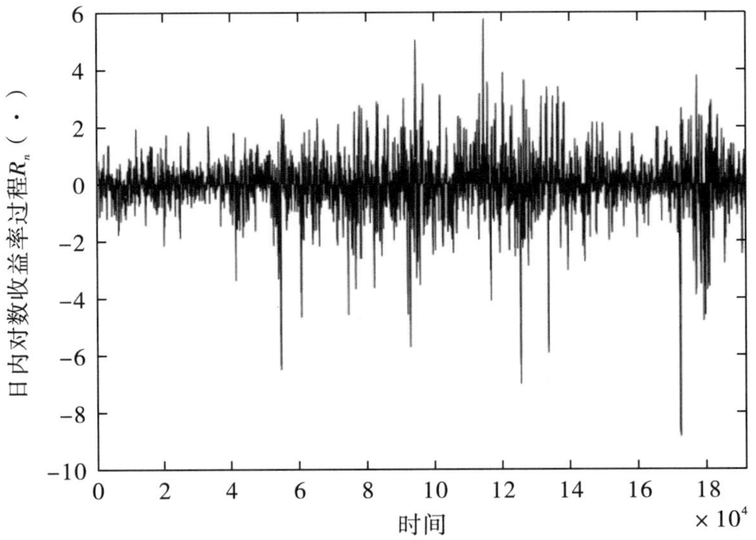

图 8.2　1 分钟日内对数收益率过程 $R_n(\cdot)$ 的时序图

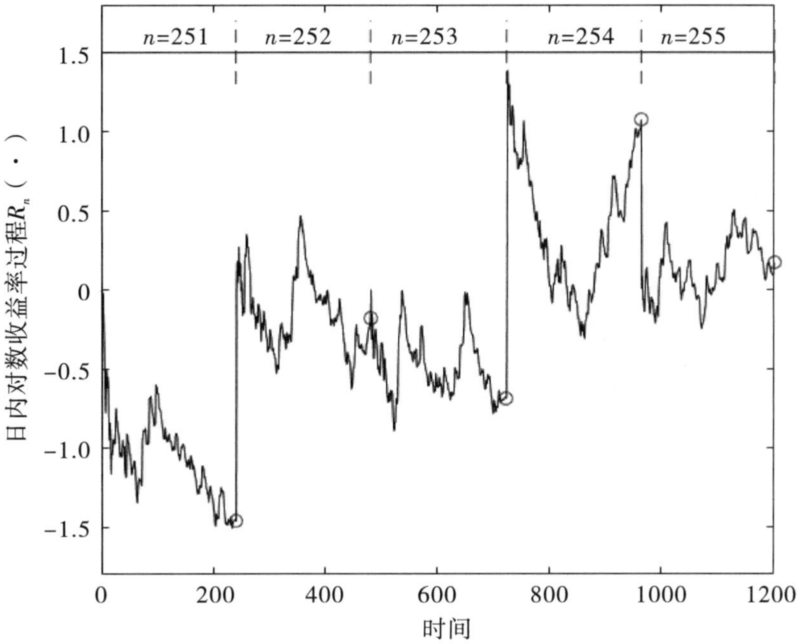

图 8.3　日内对数收益率过程R_n（·），$n=251$，…，255，连续 5 天的过程图

同样考虑四个波动率代理（1 分钟波动率代理 $RV1_n$，5 分钟波动率代理 $RV5_n$，10 分钟波动率代理 $RV10_n$ 和绝对日对数收益 $|r_n|$）．波动率代理的计算公式见(8.26)式．表 8.3 报告了残差项平方的估计方差 $\widehat{\mathrm{Var}}(Z_H^2)$ 和三种检验统计量在不同波动率代理下的结果．假设显著性水平为 0.05，显然各种波动率代理下的三种检验统计量结果均大于临界值自由度为 2 的卡方临界值 5.9915，说明四个波动率代理对应的 VP-GARCH 模型存在显著的 GARCH 效应．

表 8.3　四个波动率代理下的 VP-GARCH 模型的三种检验结果

H_n	$\mathrm{Var}(Z_H^2)$	LM	LR	Wald
$\|r_n\|$	4.399	21.131	48.056	122.074
$RV1_n$	2.943	9.723	6.473	8.721
$RV5_n$	1.866	119.659	660.512	822.274
$RV10_n$	0.641	62.683	182.584	124.367

从表 8.3 中的检验结果可知，采用 QMLE 法对 VP-GARCH 模型进行估计是可行的．图 8.4 给出了四个不同波动率代理下的 VP-GARCH 模型参数(γ，β)的 95% 的置信椭

圆. 显然，波动率代理 $RV1_n$ 估计的模型参数的椭圆半径小于其他波动率代理估计的结果，这与表 8.3 中 $RV1_n$ 有最小的 $\widehat{\mathrm{Var}}(Z_H^2)$ 是一致的.

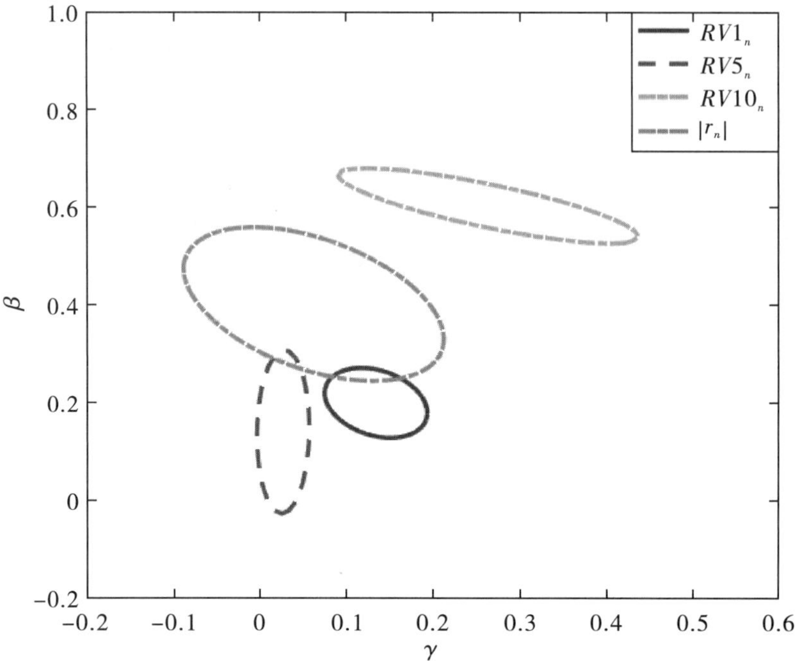

图 8.4　四个波动率代理下的 VP-GARCH 模型参数(γ, β) QMLE 的 95% 的置信椭圆

8.4　本章小结

为检验 VP-GARCH 模型的 GARCH 效应，本章我们讨论了拉格朗日乘数检验、似然比检验和沃尔德检验三种检验. 在满足正则性条件下，所考虑的三种检验是等价的，具有相同的渐近分布、卡方分布. 数值模拟结构表明，在有限样本中，拉格朗日乘数检验无论是在经验水平的控制上还是在功效的表现上，都比似然比检验和沃尔德检验好，而似然比检验和沃尔德检验在经验水平的表现上不够理想，但在功效的表现上略优于拉格朗日乘数检验. 综上，鉴于拉格朗日乘数检验的稳健性和计算上的方便，其在 VP-GARCH 模型的 GARCH 效应检验中是值得推崇的.

第 9 章　基于高频数据的 GARCH 模型检验

关于 GARCH 模型的检验，已有众多结果. 然而，鲜有人将日内高频数据引入日频 GARCH 模型的检验中来. 第 3 章和第 4 章的实证结果表明，高频数据可以用来改善日频 GARCH 模型的估计精度. 一个自然的问题是，日内高频数据是否也可以用来提高日频 GARCH 模型的检验能力. 本章我们将介绍利用日内高频数据对日频 GARCH 模型进行检验的新方法[72].

9.1　GARCH 模型的检验

为便于区分，在本章中，我们用 $\widehat{\theta}$ 表示传统的日频 GARCH 模型的 QMLE，$\widehat{\theta}_H$ 表示 VP-GARCH 模型的 QMLE.

考虑如下原假设和备择假设：

$$H_0：\theta=\theta^0 \quad \text{vs} \quad H_1：\theta\neq\theta^0.$$

令 $\theta^0=(\tau^0,\ \gamma^0,\ \beta^0)^T$ 为模型(2.3)～(2.4)在原假设下的参数值，$\widehat{\theta}=(\widehat{\tau},\ \widehat{\gamma},\ \widehat{\beta})^T$ 为模型（2.3）～(2.4）在备择假设下的 QMLE. 通常，Wald 检验统计量是基于参数真值 θ^0 与估计值 $\widehat{\theta}$ 的差而建立的，LR 检验则是基于限制条件下的似然函数值 $L_N(\theta^0)$ 与没有限制条件下的似然函数值 $L_N(\widehat{\theta})$ 的差而建立的. 尽管这两种检验在构建方式上有所不同，但都合理地度量了原假设 H_0 与备择假设 H_1 之间的距离.

9.1.1　Wald 检验

由于 Wald 检验统计量是基于参数估计的渐近分布而建立的，由定理 2.2，GARCH 模型（2.3）～(2.4）的 QMLE $\widehat{\theta}$ 有极限分布：

$$\sqrt{N}(\hat{\theta}-\theta^0)\xrightarrow{d} N(0,\ V_0),\ N\to\infty, \tag{9.1}$$

其中

$$V_0=A_0^{-1}B_0A_0^{-1}=\operatorname{Var}(Z_n^2)G(\theta^0)^{-1},\ \ G(\theta)=E\Big[\frac{1}{\sigma_0^4}h_0'(\theta)h_0'(\theta)^T\Big].$$

由（9.1）式，得

$$\sqrt{N}V_0^{-1/2}(\hat{\theta}-\theta^0)\longrightarrow N(0,\ I),\ N\to\infty. \tag{9.2}$$

于是，不难得到如下渐近分布：

$$N(\hat{\theta}-\theta^0)^TV_0^{-1}(\hat{\theta}-\theta^0)\xrightarrow{d}\chi^2(3),\ N\to\infty. \tag{9.3}$$

记 $h_n(\theta)=\sigma_n^2(\theta)=v_n^2\tau^2$. 定义

$$\hat{Z}_n=r_n/\sqrt{h_n(\hat{\theta})},$$

则 V_0 可由 $V(\hat{\theta})$进行估计，其中

$$V(\hat{\theta})=\Big(\frac{1}{4N}\sum_{n=1}^{N}(\hat{Z}_n^4-1)\Big)\Big(\frac{1}{N}\sum_{n=1}^{N}\frac{h_n'(\hat{\theta})h_n'(\hat{\theta})^T}{h_n(\hat{\theta})^2}\Big)^{-1}. \tag{9.4}$$

令

$$M_n(\theta)=\frac{1}{N}\sum_{n=1}^{N}\frac{h_n'(\theta)\,h_n'(\theta)^T}{h_n(\theta)^2}. \tag{9.5}$$

由 Straumann(2006)[21]中的定理2.7，有

$$M_n(\theta)\xrightarrow{a.s.}M(\theta),$$

其中

$$M(\theta)=E[h_n'(\theta)h_n'^T/(h_0(\theta))^2].$$

由于 $\hat{\theta}\xrightarrow{a.s.}\theta^0$，于是

$$M_n(\hat{\theta}) \xrightarrow{a.s.} M_n(\theta^0), \quad n \to \infty.$$

进一步，我们有

$$M_n^{-1}(\hat{\theta}) \xrightarrow{a.s.} M^{-1}(\theta^0), \quad n \to \infty.$$

类似可证

$$\frac{1}{N}\sum_{n=1}^{N}[(\hat{Z}_n)^4 - 1] \xrightarrow{a.s.} E(Z_0^4 - 1).$$

因此，易得

$$V(\hat{\theta}) \xrightarrow{a.s.} V_0.$$

从上面的讨论中，我们有 $V(\hat{\theta}) = V_0 + o_p(1)$，即 $V(\hat{\theta})$ 是 V_0 的相合估计. 因此，Wald 检验统计量可由下式构建：

$$T_W = N(\hat{\theta} - \theta^0)^T V(\hat{\theta})^{-1}(\hat{\theta} - \theta^0), \tag{9.6}$$

其中，

$$V(\hat{\theta}) = \mathrm{Var}(\hat{Z}_n^2) G^{-1}(\hat{\theta}), \quad G(\hat{\theta}) = E\left[\frac{1}{\sigma_0^4} h_0'(\hat{\theta}) h_0'(\hat{\theta})^T\right].$$

在原假设成立下，统计量 T_W 渐近地服从 $\chi^2(3)$ 分布，其中“3”是参数 θ^0 的维数.

9.1.2　LR 检验

LR 检验是通过原假设下的似然函数值和备择假设下的似然函数值的差而构建的. 根据 LR 检验原理，见 Engle（1984）[38]，在一般条件下，GARCH 模型（2.3）~（2.4）的 LR 检验统计量可建立如下：

$$T_{LR} = -2(L_N(\theta^0) - L_N(\hat{\theta})). \tag{9.7}$$

根据一系列的数学推导，我们可以证明 Wald 检验和 LR 检验是等价的.

定理 9.1　假设（A1）~（A5）及 QML 的正则性条件（B1）~（B5）成立，在原假设成立的条件下，统计量 T_W 和 T_{LR} 是渐近等价的，且均有极限分布 $\chi^2(k)$，其中 k 为未知参数的个数.

证明 对似然函数 $L_N(\theta^0)$ 在 $\hat{\theta}$ 处实施泰勒展开，易得

$$L_N(\theta^0)=L_N(\hat{\theta})+\frac{1}{2}(\theta^0-\hat{\theta})^T\frac{\partial^2}{\partial\theta\partial\theta^T}L_N(\zeta)(\theta^0-\hat{\theta}). \tag{9.8}$$

于是，(9.7) 式被转化为

$$\begin{aligned}T_{LR}&=-2[L_N(\theta^0)-L_N(\hat{\theta})]\\&=-(\theta^0-\hat{\theta})^T\frac{\partial^2}{\partial\theta\partial\theta^T}L_N(\zeta)(\theta^0-\hat{\theta}),\end{aligned} \tag{9.9}$$

其中 $|\zeta-\theta^0|\leqslant|\hat{\theta}-\theta^0|$. 因模型(2.3)～(2.4)的拟对数似然函数为

$$L_N(\theta)=\sum_{n=1}^{N}l_n(\theta)=-\frac{1}{2}\sum_{n=1}^{N}\left[\log(v_n^2(\gamma,\beta)\tau^2)+\frac{r_n^2}{v_n^2(\gamma,\beta)\tau^2}\right], \tag{9.10}$$

通过简单的计算，可得似然函数的一阶和二阶偏导数：

$$l'_n(\theta)=-\frac{h'_n(\theta)}{2h_n(\theta)}\left[1-\frac{r_n^2}{h_n(\theta)}\right],$$

$$l''_n(\theta)=-\frac{1}{2h_n^2(\theta)}\left[h'_n(\theta)h'_n(\theta)^T\left(2\frac{r_n^2}{h_n(\theta)}-1\right)\right]+h''_n(\theta)[h_n(\theta)-r_n^2],$$

其中

$$h'_n(\theta)=\left((2\tau v_n^2),\ \tau^2\left(r_{n-1}^2+\beta\frac{\partial v_n^2}{\partial\gamma}\right),\ \tau^2\left(r_{n-1}^2+\beta\frac{\partial v_n^2}{\partial\beta}\right)\right)^T.$$

由 Straumann(2006) [21] 中的命题 3.12、命题 6.1 及命题 6.2，易知 $l'_n(\theta)$ 和 $l''_n(\theta)$ 是平稳遍历的随机变量序列.

注意到，给定参数空间 Θ，参数 $\theta=(\gamma,\ \beta,\ \tau)^T$ 的 QMLE $\hat{\theta}$ 是使得 $L_N(\theta)$ 取值达到最大的. 由 Straumann(2006) [21] 中的定理 4.1 可知，对一个充分大的 N，有 $\hat{\theta}\xrightarrow{a.s}\theta^0$. 再次运用泰勒展开，我们有

$$L'_N(\hat{\theta})=L'_N(\hat{\theta})+L''_N(\zeta)(\hat{\theta}-\theta^0), \tag{9.11}$$

其中$|\zeta-\theta^0|\leqslant|\hat{\theta}-\theta^0|$. 因似然函数$L_N(\theta)$在$\hat{\theta}$处取得最大值，于是，(9.11)式等价于：

$$\frac{L''_N(\zeta)(\hat{\theta}-\theta^0)}{N}=-\frac{1}{N}L'_N(\theta^0). \tag{9.12}$$

由Straumann(2006)[21]中的定理2.7，易得

$$\frac{L''_N(\zeta)}{N}\xrightarrow{a.s.}L''_N(\theta),\ N\to\infty,\ \theta\in\Theta. \tag{9.13}$$

此处$L''_N(\theta)=E[l''_0(\theta)]$，并记$A_0=-E[l''_0(\theta^0)]$. 令$h_n(\theta)=\sigma_n^2(\theta)$，则$r_n=\sigma_nZ_n$，$h_n(\theta^0)=\sigma_n^2(\theta^0)a.s.$. 通过期望和导数的简单计算，我们得

$$A_0=-E[l''_0(\theta^0)]=\frac{1}{2}E\left[\frac{1}{\sigma_0^4}h'_0(\theta^0)h'_0(\theta^0)^T\right]=\frac{1}{2}G(\theta^0). \tag{9.14}$$

由于$\hat{\theta}\to\theta^0$，$\zeta\to\theta^0$，于是

$$-\frac{L''_N(\zeta)}{N}\xrightarrow{a.s.}A_0. \tag{9.15}$$

因此

$$-\frac{L''_N(\zeta)}{N}=A_0+o_p(1). \tag{9.16}$$

记$B_0=E[l'_0(\theta^0)l'_0(\theta^0)^T]$，

$$\begin{aligned}B_0&=E[l'_0(\theta^0)l'_0(\theta^0)^T]\\&=\mathrm{Var}\left[\frac{L'_N(\theta^0)}{\sqrt{N}}\right]\\&=\frac{1}{4}E\left[\frac{1}{\sigma_0^4}h'_0(\theta^0)h'_0(\theta^0)^T(Z_n^2-1)^2\right]\\&=\frac{1}{4}\mathrm{Var}(Z_n^2)G(\theta^0).\end{aligned} \tag{9.17}$$

根据 $V_0 = \mathrm{Var}(Z_n^2)G(\theta^0)^{-1}$ 和（9.14）式，我们有 $A_0 = \frac{1}{2}\mathrm{Var}(Z_n^2)V_0^{-1}$. 注意到 $V(\widehat{\theta})$ 是 V_0 的一致相合估计，Z_n^2 是 GARCH 模型的残差项，且有 $T_W \sim \chi^2(3)$，于是

$$
\begin{aligned}
T_{LR} &= N(\theta^0 - \widehat{\theta})^T A_0(\theta^0 - \widehat{\theta}) + o_p(1) \\
&= \frac{1}{2}\mathrm{Var}(Z_n^2)N(\theta^0 - \widehat{\theta})^T V_0^{-1}(\theta^0 - \widehat{\theta}) + o_p(1) \\
&= \frac{1}{2}\mathrm{Var}(Z_n^2)N(\theta^0 - \widehat{\theta})^T [V(\widehat{\theta})^{-1} + o_p(1)](\theta^0 - \widehat{\theta}) + o_p(1) \\
&= \frac{1}{2}\mathrm{Var}(Z_n^2)T_W + o_p(1) \sim \chi^2(3).
\end{aligned} \tag{9.18}
$$

因此，我们有

$$
T_{LR}^* = 2\mathrm{Var}^{-1}(Z_n^2)T_{LR} \approx T_W \sim \chi^2(3). \tag{9.19}
$$

从而，定理 9.1 得证.

9.2 基于高频数据的 GARCH 模型检验

第 3 章和第 4 章的研究表明高频数据可用于提高 GARCH 类模型的估计精度. 一个直观的想法是，如果用一个更精确的估计代替模型（2.15）~（2.16）中的 QMLE $\widehat{\theta}$，模型（2.15）~（2.16）的检验统计量的功效是否会有更好的表现？下面我们将基于模型（2.3）~（2.4）讨论如何利用高频数据改变模型的检验功效.

9.2.1 调整的 Wald 检验

这一节中，我们将利用高频数据估计的 $\widehat{\theta}_H$ 代理（9.6）~（9.7）式中的 $\widehat{\theta}$ 得到调整的 LR 检验统计量和 Wald 检验统计量，下面我们讨论调整后的 LR 检验和 Wald 检验是如何实现的.

在（9.6）式中用 $\widehat{\theta}_H$ 代替 $\widehat{\theta}$ 后，我们记新的 Wald 检验统计量为 T_W°：

$$T_W^{\circ}=N(\widehat{\theta}_H-\theta^0)^T V(\widehat{\theta}_H)^{-1}(\widehat{\theta}_H-\theta^0), \tag{9.20}$$

其中，

$$V(\widehat{\theta}_H)=\operatorname{Var}(Z_{Hn}^2)G^{-1}(\widehat{\theta}_H),\ G(\widehat{\theta}_H)=E\left[\frac{1}{\sigma_0^4}h_0'(\widehat{\theta}_H)h_0'(\widehat{\theta}_H)^T\right].$$

$\widehat{\theta}_H$ 的收敛性是显然的（见定理 2.3），关键的一点是证明 $V(\widehat{\theta}_H)$ 的收敛性. 注意到 $\widehat{\theta}\xrightarrow{a.s.}\theta^0$，$\widehat{\theta}_H\xrightarrow{a.s.}\theta^0$，我们有 $\widehat{\theta}_H=\theta^0+o_p(1)$. 类似于 $V(\widehat{\theta})$ 的渐近性的证明，见(8.4)式. 不难得到 $V(\widehat{\theta}_H)\xrightarrow{a.s.}V(\theta^0)$. 因此我们有 T_W° 渐近服从 $\chi^2(3)$ 分布.

9.2.2　调整的似然比检验

类似地，公式(9.7)中的 $\widehat{\theta}$ 被 $\widehat{\theta}_H$ 代理后，新的统计量记为 T_{LR}°：

$$T_{LR}^{\circ}=-2[L_N(\theta^0)-L_N(\widehat{\theta}_H)]. \tag{9.21}$$

由下面的定理可知，LR 检验统计量 T_{LR}° 与 Wald 检验统计量 T_W° 是等价的，且具有相同的极限分布 $\chi^2(3)$.

定理 9.2　若假设(A1)~(A5)及 QML 的正则性条件(B1)~(B5)成立，在原假设成立下，Wald 检验统计量 T_W° 及 LR 检验统计量 T_{LR}° 等价，且均渐近服从 $\chi^2(k)$ 分布，k 为参数的维数.

证明　对似然函数 $L_N(\theta^0)$ 在 $\widehat{\theta}_H$ 处实施泰勒展开，有

$$L_N(\theta^0)=L_N(\widehat{\theta}_H)+L_N'(\widehat{\theta}_H)^T(\theta^0-\widehat{\theta}_H)+\frac{1}{2}(\theta^0-\widehat{\theta}_H)^T L_H''(\tilde{\zeta})(\theta^0-\widehat{\theta}_H), \tag{9.22}$$

其中 $|\zeta-\theta^0|\leqslant|\widehat{\theta}-\theta^0|$. 于是公式(9.21)转化为

$$\begin{aligned}T_{LR}^{\circ}&=-2[L_N(\theta^0)-L_N(\widehat{\theta}_H)]\\&=-2\left[L_N'(\widehat{\theta}_H)^T(\theta^0-\widehat{\theta}_H)+\frac{1}{2}(\theta^0-\widehat{\theta}_H)^T L_N''(\tilde{\zeta})(\theta^0-\widehat{\theta}_H)\right].\end{aligned} \tag{9.23}$$

又对似然函数 $L_N'(\widehat{\theta})$ 在 θ^0 处实施泰勒展开，可得

$$L_N'(\widehat{\theta})=L_N'(\theta^0)+L_N''(\zeta)(\widehat{\theta}-\theta^0),$$

其中 $|\zeta-\theta^0|\leqslant|\hat{\theta}-\theta^0|$. 于是

$$L'_N(\theta^0)=L'_N(\hat{\theta})+L''_N(\zeta)(\theta^0-\hat{\theta}). \tag{9.24}$$

又似然函数 $L_N(\theta)$ 在 $\hat{\theta}$ 处取得最大值，从而 $L'_N(\hat{\theta})=0$. 对(9.23)中的似然函数 $L'_N(\hat{\theta}_H)$ 在 θ^0 处实施泰勒展开，

$$\begin{aligned}L'_N(\hat{\theta}_H)&=L'_N(\theta^0)+L''_N(\bar{\zeta})(\hat{\theta}_H-\theta^0)\\&=L''_N(\zeta)(\theta^0-\hat{\theta})-L''_N(\bar{\zeta})(\theta^0-\hat{\theta}_H),\end{aligned} \tag{9.25}$$

其中 $|\bar{\zeta}-\theta^0|\leqslant|\hat{\theta}-\theta^0|$. 由(9.24)和(9.25)式，(9.23)式可转化为

$$\begin{aligned}T^{\circ}_{LR}&=-2[L_N(\theta^0)-L_N(\hat{\theta}_H)]\\&=-2\left[L'_N(\hat{\theta}_H)^T(\theta^0-\hat{\theta}_H)+\frac{1}{2}(\theta^0-\hat{\theta}_H)^TL''_N(\tilde{\zeta})(\theta^0-\hat{\theta}_H)\right]\\&=-2\left[(\theta^0-\hat{\theta})^TL''_N(\zeta)(\theta^0-\hat{\theta}_H)-(\theta^0-\hat{\theta}_H)^TL''_N(\bar{\zeta})(\theta^0-\hat{\theta}_H)+\right.\\&\quad\left.\frac{1}{2}(\theta^0-\hat{\theta}_H)^TL''_N(\tilde{\zeta})(\theta^0-\hat{\theta}_H)\right].\end{aligned} \tag{9.26}$$

由 $\hat{\theta}_H\xrightarrow{a.s.}\theta^0$ 及 $\hat{\theta}\xrightarrow{a.s.}\theta^0$，我们有 $\theta^0-\hat{\theta}=o_p(1)$ 和 $\theta^0-\hat{\theta}_H=o_p(1)$. 注意到 $-\frac{L''_N(\zeta)}{N}\xrightarrow{a.s.}A_0$，对任意的 $\zeta\to\theta^0$，有 $-\frac{L''_N(\theta^0)}{N}\xrightarrow{a.s.}A_0$. 因此，(9.26)式可转化为

$$\begin{aligned}T^{\circ}_{LR}&=-2[L_N(\theta^0)-L_N(\hat{\theta}_H)]\\&=-2\left[L'_N(\theta^0)^T(\theta^0-\hat{\theta}_H)+\frac{1}{2}(\theta^0-\hat{\theta}_H)^TL''_N(\tilde{\zeta})(\theta^0-\hat{\theta}_H)\right]\\&=-2\left[(\theta^0-\hat{\theta})^TL''_N(\zeta)(\theta^0-\hat{\theta}_H)-(\theta^0-\hat{\theta}_H)^TL''_N(\bar{\zeta})(\theta^0-\hat{\theta}_H)+\right.\\&\quad\left.\frac{1}{2}(\theta^0-\hat{\theta}_H)^TL''_N(\tilde{\zeta})(\theta^0-\hat{\theta}_H)\right]\end{aligned}$$

$$= -(\theta^0 - \widehat{\theta}_H)^T L_N''(\theta^0)(\theta^0 - \widehat{\theta}_H) + o_p(1)$$

$$= -N(\theta^0 - \widehat{\theta}_H)^T A_0(\theta^0 - \widehat{\theta}_H) + o_p(1). \tag{9.27}$$

又 $A_0 = \mathrm{Var}(Z_n^2)V_0^{-1}/2$，根据 $\widehat{\theta}_H$ 的相合性，易得

$$T_{LR}^{\circ} = N(\theta^0 - \widehat{\theta}_H)^T A_0(\theta^0 - \widehat{\theta}_H) + o_p(1)$$

$$= \frac{1}{2}\mathrm{Var}(Z_n^2) N(\theta^0 - \widehat{\theta}_H)^T V(\widehat{\theta}_H)^{-1}(\theta^0 - \widehat{\theta}_H) + o_p(1)$$

$$= \frac{1}{2}\mathrm{Var}(Z_n^2) T_W^{\circ} + o_p(1). \tag{9.28}$$

因此

$$T_{LR}^{*} = 2\mathrm{Var}^{-1}(Z_n^2) T_{LR}^{\circ} \approx T_W^{\circ} \sim \chi^2(3). \tag{9.29}$$

从而定理 9.2 得证.

9.3　数值模拟

本节中，我们通过蒙特卡罗实验来评估检验统计量 T_W° 和 T_{LR}°，T_W 和 T_{LR} 的有限样本表现. 在本实验中，所有的经验水平和功效结果均是基于 1000 次独立重复实验后得到的.

统计量 T_W 和 T_{LR} 的计算是容易的，因为它们只依赖于日频 GARCH 模型（2.3）~（2.4）. T_W° 和 T_{LR}° 需要基于利用高频数据估计的 QMLE $\widehat{\theta}_H$. 注意到当波动率代理 H_n 取 $|r_n|$ 时，检验统计量 T_W° 和 T_{LR}° 分别退化为 T_W 和 T_{LR}. 在整个模拟过程中，模型（2.3）~（2.4）及模型（2.15）~（2.16）中的 τ 固定取值为 1.

这里，在模型（2.15）~（2.16）中，同样考虑常用的已实现的波动率作为波动率代理：

$$H_n = RV = \sqrt{\sum\nolimits_k r_{n,k}^2},$$

它是已实现方差的平方根. 为产生每一个交易日 n 的已实现波动率，我们需要在单位时间区间[0,1]上的($m+1$)个等分点上模拟一个特定的过程 $\psi_n(\cdot)$. 具体地，我们采用平稳的 Ornstein-Uhlenbeck 过程来产生日内价格过程 $\psi_n(\cdot)$. $\psi_n(\cdot)$ 满足如下随机微分方程：

$$\mathrm{d}Y_n(u) = -\delta(Y_n(u) - \mu)\mathrm{d}u + \sigma_Y \mathrm{d}B_n^{(2)}(u), \tag{9.30}$$

$$\mathrm{d}\psi_n(u) = e^{Y_n(u)}\mathrm{d}B_n^{(1)}(u), \quad u \in [0, 1], \tag{9.31}$$

其中

$$\mu = -1/16, \ \delta = 1/2, \ \sigma_Y = 1/4,$$

布朗运动 $B_n^{(1)}$ 和 $B_n^{(2)}$ 是不相关的，且 $\psi_n(0)=0$，$Y(0)$ 由其平稳分布得到. 进一步，由过程 $\psi_n(\cdot)$容易产生日内对数收益率过程 $R_n(0)$，其中 $r_n = R_n(1)$，$Z_n = \psi_n(1)$.

为估计模型(2.15)~(2.16)，我们考虑 3 种采样频率下的波动率代理：1 分钟的波动率代理($RV1_n$)，5 分钟的波动率代理($RV5_n$)和 10 分钟的波动率代理($RV10_n$).

给定显著性水平为 0.05，分别取样本量 $N=800$，1000，1200，1500 和 2000，我们在参数真值(γ^0，β^0) = (0.35，0.5)下，计算检验的经验水平. 对于检验的功效，我们先固定 $\gamma=0.35$，通过改变 β 的取值来研究功效的变化；然后固定 $\beta=0.5$，通过改变 γ 的取值来观察功效的变化.

由 $\widehat{\theta}_H$ 和 $\widehat{\theta}$ 分别计算的 Wald 检验和 LR 检验的结果见表 9.1 ~9.3. 图 9.1 绘出了表 9.2 中的功效变化趋势，图 9.2 绘出了表 9.3 中的功效变化趋势.

表 9.1　调整的统计量 T_W°，T_{LR}° 与传统的统计量 T_W，T_{LR} 的经验水平

N	检验	参数真值(γ^0，β^0) = (0.35，0.5)			
		$RV1_n$	$RV5_n$	$RV10_n$	$\lvert r_n \rvert$
800	Wald	0.069	0.076	0.078	0.085
	LR	0.067	0.066	0.076	0.079
1000	Wald	0.063	0.065	0.070	0.076
	LR	0.052	0.053	0.056	0.066
1200	Wald	0.039	0.045	0.051	0.064
	LR	0.049	0.054	0.057	0.067

（续上表）

N	检验	参数真值$(\gamma^0, \beta^0)=(0.35, 0.5)$			
		$RV1_n$	$RV5_n$	$RV10_n$	$\lvert r_n \rvert$
1500	Wald	0.045	0.049	0.049	0.058
	LR	0.047	0.050	0.051	0.053
2000	Wald	0.046	0.048	0.054	0.059
	LR	0.052	0.055	0.056	0.062

由表 9.1 中的结果可以看出，由 $\widehat{\theta}_H$ 计算的 Wald 检验及 LR 检验的经验水平比由 $\widehat{\theta}$ 计算的更接近于显著性水平 0.05. 对于检验的功效，虽然由 $\widehat{\theta}_H$ 计算的 Wald 检验及 LR 检验的功效在样本量相对较低的情况下没有显示出优势，但随着样本量的增加，优势越来越明显. 这一结果说明，利用高频数据确实可提高 GARCH 模型检验的功效. 此外，LR 检验在功效的表现上整体优于 Wald 检验，说明 LR 检验对参数的变化有着更显著的检测力.

表 9.2　调整的统计量 T_W°，T_{LR}°与传统的统计量 T_W，T_{LR}的功效

N	检验	$\beta=0.54$				$\beta=0.55$			
		$RV1_n$	$RV5_n$	$RV10_n$	$\lvert r_n \rvert$	$RV1_n$	$RV5_n$	$RV10_n$	$\lvert r_n \rvert$
800	Wald	0.093	0.096	0.108	0.119	0.401	0.416	0.426	0.442
	LR	0.217	0.222	0.245	0.226	0.712	0.701	0.680	0.662
1000	Wald	0.177	0.200	0.212	0.211	0.677	0.666	0.663	0.618
	LR	0.392	0.407	0.439	0.402	0.914	0.904	0.876	0.717
1200	Wald	0.320	0.330	0.329	0.317	0.857	0.844	0.832	0.700
	LR	0.634	0.617	0.633	0.595	0.988	0.983	0.971	0.780
1500	Wald	0.519	0.542	0.532	0.531	0.975	0.962	0.954	0.788
	LR	0.854	0.850	0.818	0.700	0.999	0.996	0.996	0.867
2000	Wald	0.867	0.864	0.843	0.670	0.999	1	0.999	0.897
	LR	0.979	0.978	0.972	0.778	1	1	1	0.936

（续上表）

N	检验	$\beta=0.56$				$\beta=0.57$			
		$RV1_n$	$RV5_n$	$RV10_n$	$\|r_n\|$	$RV1_n$	$RV5_n$	$RV10_n$	$\|r_n\|$
800	Wald	0.847	0.832	0.835	0.687	0.994	0.992	0.990	0.832
	LR	0.988	0.973	0.964	0.784	1	0.999	0.999	0.897
1000	Wald	0.965	0.969	0.964	0.761	0.999	1	0.998	0.928
	LR	1	0.996	0.995	0.846	1	1	1	0.956
1200	Wald	0.994	0.992	0.991	0.858	1	1	1	0.946
	LR	1	1	1	0.910	1	1	1	0.969
1500	Wald	0.999	0.999	0.997	0.920	1	1	1	0.980
	LR	1	1	1	0.958	1	1	1	0.989
2000	Wald	1	1	1	0.969	1	1	1	0.991
	LR	1	1	1	0.983	1	1	1	0.997

注：原假设下参数真值$(\gamma^0, \beta^0)=(0.35, 0.5)$. 表中的功效是通过固定 $\gamma=0.35$，改变 β 的取值计算的.

表 9.3 调整的检验统计量 T_W°，T_{LR}° 与传统的统计量 T_W，T_{LR} 的功效

N	检验	$\gamma=0.28$				$\gamma=0.27$			
		$RV1_n$	$RV5_n$	$RV10_n$	$\|r_n\|$	$RV1_n$	$RV5_n$	$RV10_n$	$\|r_n\|$
800	Wald	0.229	0.254	0.265	0.212	0.547	0.546	0.541	0.531
	LR	0.486	0.489	0.499	0.471	0.828	0.809	0.803	0.744
1000	Wald	0.458	0.480	0.489	0.451	0.754	0.752	0.751	0.692
	LR	0.751	0.761	0.745	0.686	0.948	0.939	0.943	0.783
1200	Wald	0.681	0.671	0.659	0.672	0.914	0.909	0.906	0.775
	LR	0.912	0.899	0.892	0.771	0.994	0.992	0.985	0.858
1500	Wald	0.878	0.864	0.851	0.750	0.990	0.986	0.983	0.844
	LR	0.990	0.984	0.980	0.836	0.999	0.999	0.999	0.919
2000	Wald	0.983	0.978	0.971	0.832	1	0.999	0.997	0.913
	LR	1	0.999	1	0.902	1	1	1	0.955

（续上表）

N	检验	$\gamma=0.26$				$\gamma=0.25$			
		$RV1_n$	$RV5_n$	$RV10_n$	$\|r_n\|$	$RV1_n$	$RV5_n$	$RV10_n$	$\|r_n\|$
800	Wald	0. 793	0. 787	0. 781	0. 714	0. 938	0. 926	0. 921	0. 808
	LR	0. 961	0. 944	0. 936	0. 809	0. 996	0. 994	0. 994	0. 886
1000	Wald	0. 943	0. 934	0. 920	0. 789	0. 990	0. 989	0. 984	0. 858
	LR	0. 998	0. 996	0. 991	0. 874	1	1	0. 999	0. 928
1200	Wald	0. 989	0. 983	0. 976	0. 854	1	1	0. 997	0. 925
	LR	1	1	1	0. 924	1	1	1	0. 959
1500	Wald	0. 997	0. 996	0. 996	0. 918	1	1	0. 999	0. 962
	LR	1	1	1	0. 958	1	1	1	0. 981
2000	Wald	1	1	1	0. 975	1	1	1	0. 989
	LR	1	1	1	0. 988	1	1	1	0. 995

注：原假设下参数真值$(\gamma^0, \beta^0)=(0.35, 0.5)$. 表中的功效是通过固定$\beta=0.5$，改变$\gamma$的取值计算的.

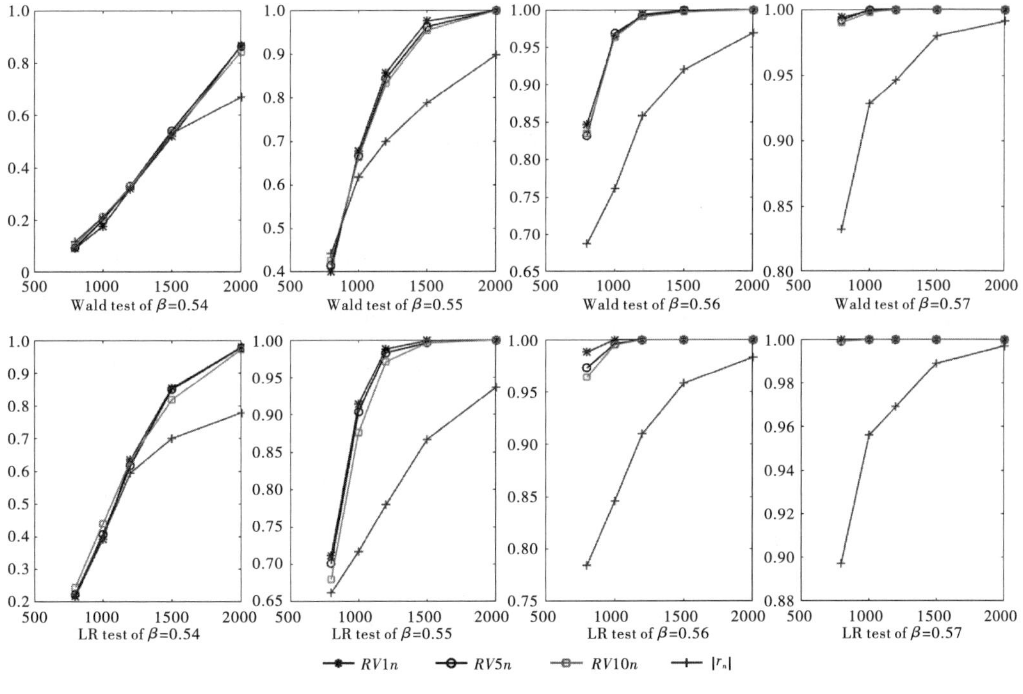

图 9.1　固定 $\gamma=0.35$，改变 β 的取值的功效趋势图

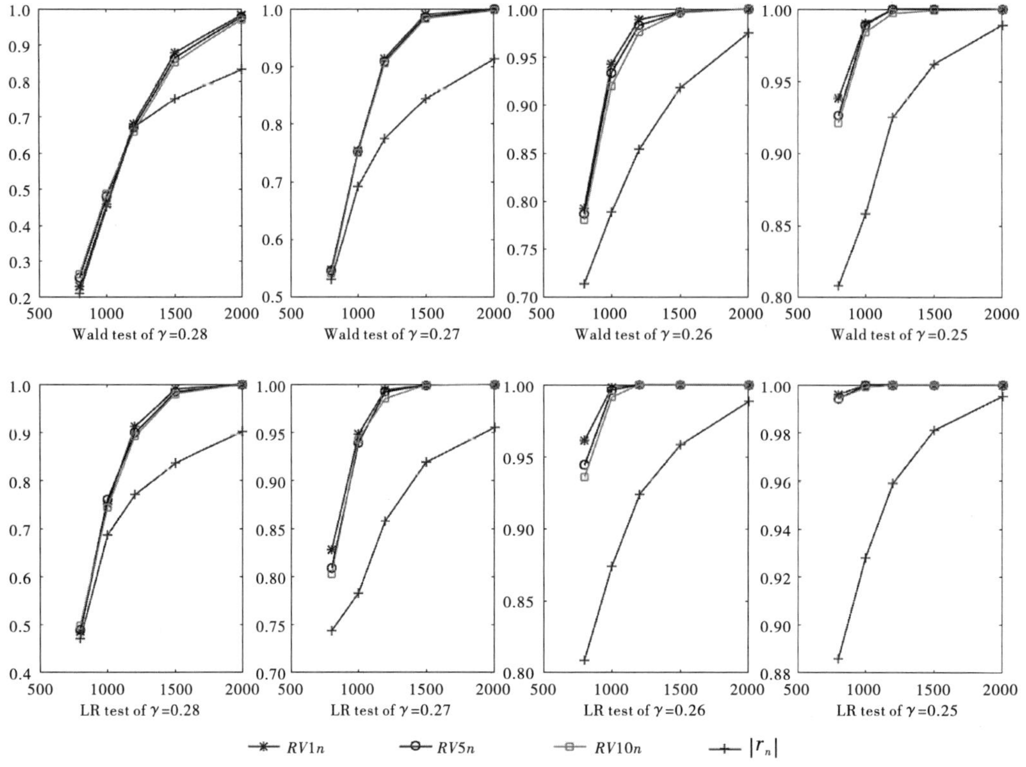

图 9.2　固定 $\beta=0.5$，改变 γ 取值的功效趋势图

9.4　实证研究

这一节中，我们把所提的检验应用于采样频率为 1 分钟的沪深 300 指数的研究. 数据集收集于 2017 年 3 月 15 日到 2020 年 5 月 29 日，共 796 天，每天 241 个观测，共 1910836 条数据记录. 对每一个交易日 n，我们根据(9.27)式计算日内对数收益率过程 $R_n(u)$.

在实际中，一个令人感兴趣的话题是模型是否具有 GARCH 效应. 因此在实证研究中，考虑如下检验问题：

$$H_0\text{：}\gamma^0=\beta^0=0 \quad \text{vs} \quad H_1\text{：}\gamma^0 \text{ 和 } \beta^0 \text{ 至少存在一个大于 } 0.$$

类似于模拟研究，波动率代理选为已实现的波动率，即 1 分钟的波动率代理 $RV1_n$，

5 分钟的波动率代理 $RV5_n$，以及 10 分钟的波动率代理 $RV10_n$. 参数 τ 固定取值为 1.

图 9.3 和 9.4 绘出了日内对数收益率过程 $R_n(\cdot)$ 及日对数收益率 r_n 的时序图.

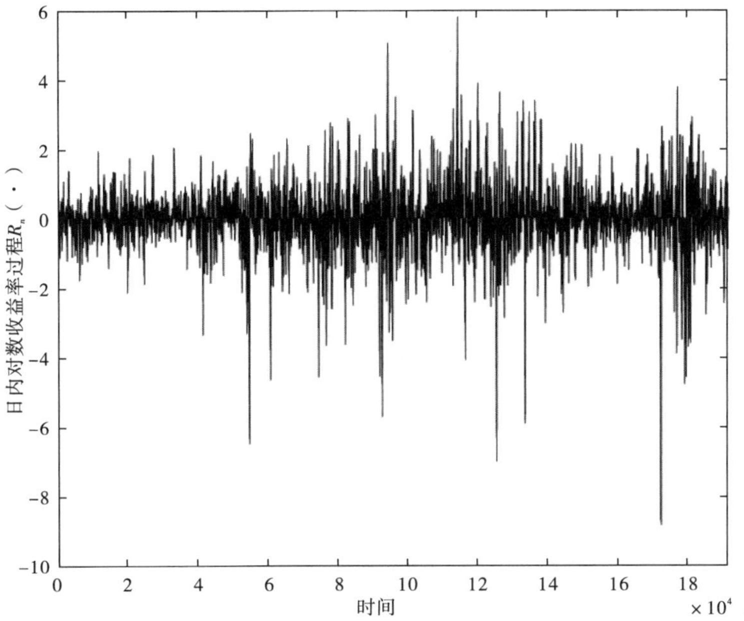

图 9.3　1 分钟日内对数收益率过程 $R_n(\cdot)$ 的时序图

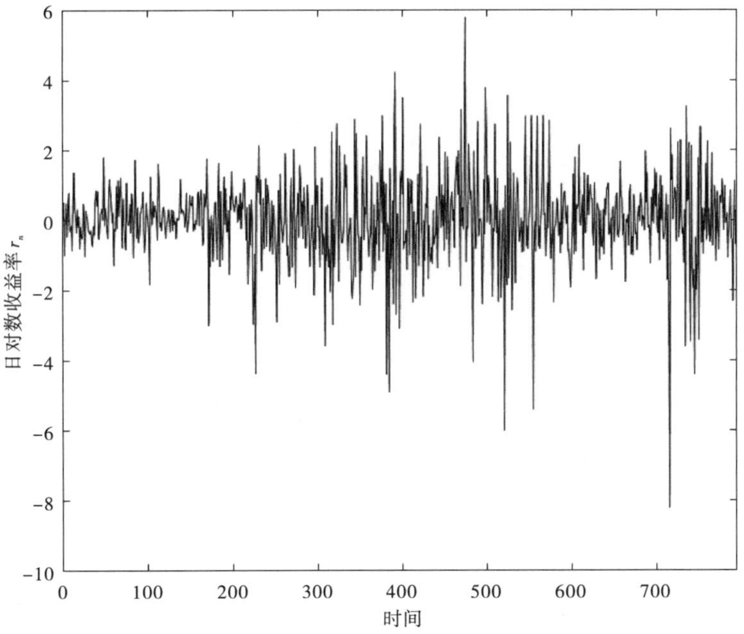

图 9.4　日对数收益率 r_n 的时序图

由 $\widehat{\theta}_H$ 和 $\widehat{\theta}$ 计算的 Wald 检验和 LR 检验统计量的结果见表 9.4. 给定显著性水平为 5%、自由度为 2 的卡方分布的临界值 $\chi^2(2)=5.9915$. 由表 9.4 可知，四种波动率代理的两种检验结果是显著的，说明 GARCH 模型是适合本节的研究数据的. 另一个特征是，LR 检验的结果显著高于 Wald 检验的结果，这与数值模拟的结果吻合. 此外，还可以看出，用 $RV5_n$ 和 $RV10_n$ 估计的参数计算的检验统计量的结果显著高于用 $RV1_n$ 和 $|r_n|$（日频 GARCH 模型）估计计算的结果，其中又以 $RV5_n$ 的结果更加突出，说明用 5 分钟的波动率代理 $RV5_n$ 估计的结果精度更高，验证了 5 分钟是实际中较为适合的抽样频率.

表 9.4　四种 GARCH 模型的两种检验结果

	$RV1_n$	$RV5_n$	$RV10_n$	$\|r_n\|$
Wald	1359.889	3157.076	2810.694	291.112
LR	4236.811	9998.757	8892.476	884.642

9.5　本章小结

在本章中，我们介绍了基于日内高频数据的 GARCH 模型的检验. 检验的基本思路是在利用日内高频数据对日频 GARCH 模型进行估计的基础上，给出日频 GARCH 模型的调整的 Wald 检验和 LR 检验. 在一些正则性条件下，两个检验统计量渐近等价，有相同的极限分布 χ^2，数值模拟和实证研究表明，我们提出的检验统计量比传统的检验统计量（不使用高频数据）具有更好的经验水平和检验功效. 因此，本章介绍的检验具有一定的新颖性和优越性.

对于传统的日频 GARCH 模型的检验，我们也可以采用 LM 检验. 但是对于本章提出的调整后的检验统计量，LM 检验并不适用. 这是因为 LM 检验只使用原假设的参数估计量，而调整的检验统计量同时需要原假设和备择假设的参数值. 因此，LM 检验在本章的研究中并不适用.

第 10 章　基于高频数据的 ARCH 类模型的混成检验

混成检验（portmanteau test）是检验模型拟合优度的有效工具．本章我们介绍基于高频数据的 ARCH 类模型的一种改进的混成检验法[73]．该方法利用日内高频数据对传统的 ARCH 类模型的混成检验进行了改进．研究结果表明，利用高频数据改进的混成检验优于没有利用高频数据的 ARCH 类模型的检验．

10.1　ARCH 类模型

证券交易一直是金融领域的一个突出话题，而波动率则是分析交易价格数据波动的一个关键指标．波动率反映金融资产或市场中价格不稳定的预期水平，这极大地影响了投资者的投资决策．在波动建模中，自回归条件异方差（ARCH）模型和广义自回归条件异方差（GARCH）模型是被广泛应用的两类基础模型．设 r_n 为第 n 天的日对数收益率．Engle（1982）[1]提出的 ARCH 模型结构如下：

$$r_n = \sigma_n \varepsilon_n,$$

$$\sigma_n^2 = \kappa + \alpha_1 r_{n-1}^2 + \alpha_2 r_{n-2}^2 + \cdots + \alpha_q r_{n-q}^2,$$

其中，ε_n 是一个独立的、同分布的 $i.i.d.$ 序列，其均值为 0，方差为 1，σ_n 表示 r_n 的波动性．待估参数（κ，α_1，α_2，…，α_q）是与滞后平方观测（1，r_{n-1}^2，r_{n-2}^2，…，r_{n-q}^2）相关的系数．ARCH 模型常用于时间序列建模和分析．然而，当 ARCH(q) 模型的阶 q 较大时，需要估计的参数数量随之增加，这往往带来估计方面的困难，特别是在有限样本的情况下，估计效率可能会降低．此外，估计的参数值还可能出现负的情况．为解决这些问题，Bollerslev（1986）[2]提出了广义自回归条件异方差模型．对于纯 GARCH(1，1) 模型，条件方差方程表示如下：

$$\sigma_n^2 = \kappa + \alpha r_{n-1}^2 + \beta\sigma_{n-1}^2, \tag{10.1}$$

显然，公式（10.1）是一个迭代方程. 令 $n = n - 1$，则

$$\sigma_{n-1}^2 = \kappa + \alpha r_{n-2}^2 + \beta\sigma_{n-2}^2, \tag{10.2}$$

由（10.1）和（10.2）得

$$\sigma_n^2 = \kappa + \alpha r_{n-1}^2 + \beta(\kappa + \alpha r_{n-2}^2 + \beta\sigma_{n-2}^2),$$

$$= (1+\beta)\kappa + \alpha r_{n-1}^2 + \alpha\beta r_{n-2}^2 + \beta^2\sigma_{n-2}^2.$$

重复上述过程，我们展开 σ_{n-2}^2，σ_{n-3}^2，…，则可得到一个无限阶的 ARCH 模型. 易见，GARCH 模型是 ARCH 模型的推广，因此把它们统称为 ARCH 类模型. 在财务数据分析中，除异方差外，还伴随其他特征，如杠杆效应（Black，1976）[74]. 为解决这个问题，Pantula（1986）[75]引入了非对称的 log-GARCH 模型，而 Ding 等（1993）[76]引入了非对称幂 GARCH 模型来解释杠杆效应. 此外，Drost 和 Klassen（1997）[77]对纯 GARCH(1,1)模型修改如下：

$$r_n = \upsilon_n \tau\,\varepsilon_n, \tag{10.3}$$

$$\upsilon_n^2 = 1 + \gamma r_{n-1}^2 + \beta\upsilon_{n-1}^2. \tag{10.4}$$

对于 ARCH (q)的情况，条件方差方程为

$$\upsilon_t^2 = 1 + \gamma_1 r_{n-1}^2 + \gamma_2 r_{n-2}^2 + \cdots + \gamma_q r_{n-q}^2. \tag{10.5}$$

当 $\upsilon_n\tau = \sigma_n$，$\tau^2 = \kappa$，$\gamma\tau^2 = \alpha$，模型（10.3）和（10.4）可转换为纯 GARCH(1，1)模型. 同样，模型（10.3）和（10.5）也可转换为纯 ARCH(q)模型. 该模型的优点是 ε_n 的标准化只影响参数 τ. 通过对残差的标准化，其方差可化为 1，这样可简化估计过程，并允许重点估计感兴趣的参数而不受残差尺度的影响.

10.2 ARCH 类模型混成检验研究现状

模型检验在时间序列建模和分析中起着至关重要的作用. 在模型应用前，研究人

员总要试图评估已建模型的充分性，而混成检验正是应用于评估模型拟合充分性的一种工具. 有关混成检验最早的研究可追溯到 Box 和 Pierce（1970）[78]，他们证明了平方残差自相关在模型检验中的效用. 此后，学者们将这一检验应用于时间序列的建模与分析中，如 Granger 等（1978）[79]、Mcleod 和 Li（1983）[80]. 而 Engle 和 Bollerslev（1986）[81]以及 Pantula（1988）[82]均提出了用残差项来检测 ARCH 效应的存在性. 而 Li 和 Mak（1994）[83]却表明，当使用 ARCH 类模型时，残差自相关函数的方差并不幂等. 为了克服这一问题，他们研究了一个修正的检验统计量，其中包含了残差自相关函数的方差. 他们还证明了当参数估计服从渐近正态分布时，检验统计量服从卡方分布. 拟极大指数似然估计（QMELE）方法（Peng 和 Yao，2003）[84]推出后，Li 和 Li（2005）[85]使用一种新的估计方法推广了 Li 和 Mak 提出的检验统计量，他们还对具有绝对残差$|\varepsilon_n|$的自相关函数提出了类似的检验统计量. Carbon 和 Francq（2011）[86]将 Li 和 Mak（1994）[83]的检验扩展到非对称幂 GARCH 模型. 此外，Chen 和 Zhu（2015）[87]基于 Li 和 Mak 的统计量构建了一个基于秩的混成检验. 他们将残差 ε_n 的自相关函数修改为基于秩的残差 $\operatorname{sgn}(\varepsilon_n^2-1)$ 的自相关函数，使新的检验适用于重尾数据. 直至今天，学者们如 Li 和 Zhang（2022）[88]仍然对这些检验的扩展研究感兴趣.

基于 Li 和 Mak（1994）[83]与 Visser（2011）[10]的工作，本章给出了一种利用高频数据诊断 ARCH 类模型的改进的混成检验，讨论了该检验统计量构造的一般方法，证明了在有限残差四阶矩和其他正则性条件下，所提混成检验服从卡方分布.

10.3 基于高频数据的 ARCH 模型的参数估计

回顾第 2 章基于高频数据的 VP-GARCH 模型：

$$H_n=\nu_n\tau_H Z_{Hn}, \tag{10.6}$$

$$\nu_n^2=1+\gamma r_{n-1}^2+\beta\nu_{n-1}^2. \tag{10.7}$$

这里，Z_{Hn}是独立同分布的随机变量序列，满足 $EZ_{Hn}^2=1$. $(\tau_H, \gamma, \beta)^T$ 是模型（10.6）和（10.7）的待估参数.

借助 VP-GARCH 模型利用高频数据的思想，类似可构造 ARCH(q)的情形. 通过日内对数收益率序列构造合适的波动率代理 H_n，再将波动率代理与日频 ARCH 模型结构结合，这样，波动率代理方程依然与（10.6）一致，条件方差方程则与日频 ARCH(q) 的条件方差方程（10.5）保持一致，（10.6）和（10.5）就组成了利用高频数据的 ARCH 模型，因此 $(\tau_H, \gamma_1, \cdots, \gamma_q)^T$ 是该模型参数.

10.4　传统的混成检验

一般来说，混成检验统计量是基于平方残差自相关函数构造的，通常用来评价模型拟合的充分性[81]. 在波动率模型不充分的情况下，平方残差项之间存在一定程度的相关性. 因此，需要检验的零假设是，平方残差自相关函数无关，说明原假设下的模型是充分的.

样本平方残差自相关函数 $\widehat{\rho}_k$ 计算如下：

$$\widehat{\rho}_k = \frac{\sum_{n=k+1}^{N}\left(\frac{r_n^2}{\widehat{\sigma}_n^2} - 1\right)\left(\frac{r_{n-k}^2}{\widehat{\sigma}_{n-k}^2} - 1\right)}{\sum_{n=k+1}^{N}\left(\frac{r_n^2}{\widehat{\sigma}_n^2} - 1\right)^2}, k = 1, 2, \cdots.$$

运用中心极限定理，可以证明 $\widehat{\rho}_k$ 在零假设下服从渐近正态分布. 为了获得检验统计量，考虑自相关函数的有限向量 $\widehat{\rho}_M = (\widehat{\rho}_1, \widehat{\rho}_2, \cdots, \widehat{\rho}_m)^T$，其中 m 是 $\widehat{\rho}_k$ 的最大滞后阶数. 令 D 表示 $\widehat{\rho}_M$ 的渐近方差. 混成检验统计量 Q^2 可表示为

$$Q^2 = N\widehat{\rho}_M^T \widehat{D}^{-1}\widehat{\rho}_M. \tag{10.8}$$

在 $E\varepsilon_n^4 < \infty$ 的条件下，$\frac{1}{n}\sum_{n=1}^{N}\left(\frac{r_n^2}{\widehat{\sigma}_n^2} - 1\right)^2$ 依概率收敛到常量 $E(\varepsilon_n^2 - 1)^2$. 此处，$E(\varepsilon_n^2 - 1)^2$ 可以通过 $\widehat{C}_0$ 进行估计，其中

$$\widehat{C}_0 = \frac{1}{n}\sum_{n=1}^{N}\frac{r_n^4}{\widehat{\sigma}_n^4} - 1.$$

因此，只需要考虑 $\widehat{C}_k$ 的渐近分布，其中

$$\widehat{C}_k = \sum_{n=k+1}^{N}\left(\frac{r_n^2}{\widehat{\sigma}_n^{\,2}} - 1\right)\left(\frac{r_{n-k}^2}{\widehat{\sigma}_{n-k}^{\,2}} - 1\right),\ k=1,\ 2,\ \cdots,\ m.$$

于是，(10.8) 式可以更改为

$$Q^2 = N\,\widehat{C}_M^T\,\widehat{V}^{-1}\widehat{C}_M \xrightarrow{d} \chi^2(m).$$

其中$\widehat{C}_M=(\widehat{C}_1,\ \widehat{C}_2,\ \cdots,\ \widehat{C}_m)^T$，$V$ 是 $\widehat{C}_M$ 的渐近方差.

统计量 Q^2 渐近服从具有自由度为 m 的卡方分布. 通过设置显著性水平为 0.05，如果计算结果超过了 95% 分位数$\chi^2_{0.95}(m)$，则拒绝零假设. 相反地，如果计算结果低于分位数$\chi^2_{0.95}(m)$，则不拒绝零假设，这表明该模型可以被认为是充分的.

10.5　利用高频数据的混成检验

由于 $\widehat{C}_k$ 的估计依赖于σ_n^2 的估计，而估计量$\widehat{\sigma}_n^{\,2}$ 是 θ 的一个函数，假设利用高频数据得到了估计量 $\tilde{\theta}$，则可容易得到波动率的估计量 $\tilde{\sigma}_n^{\,2}(\tilde{\theta})$. 此外，统计量 $\widetilde{C}_k(\tilde{\theta})$ 可计算如下：

$$\widetilde{C}_k(\tilde{\theta}) = \sum_{n=k+1}^{N}\left(\frac{r_n^2}{\tilde{\sigma}_n^2(\tilde{\theta})} - 1\right)\left(\frac{r_{n-k}^2}{\tilde{\sigma}_{n-k}^2(\tilde{\theta})} - 1\right),\ k=1,\ 2,\ \cdots. \tag{10.9}$$

类似地，

$$\widetilde{C}_0 = \frac{1}{n}\sum_{n=1}^{N}\frac{r_n^4}{\widehat{\sigma}_n^{\,4}} - 1.$$

此外，估计量 $\widehat{\theta}$ 的渐近分布与估计量 $\tilde{\theta}$ 的渐近分布不同，这进一步影响了 $\widetilde{C}_k$的渐近方差. 记 $\widetilde{V}_1$为修正后的方差估计量. 于是，在下列假设条件成立下，可得如下定理 10.1.

假设条件：

(G1) $\{r_0,\ r_{-1},\ r_{-2},\ \cdots\}$ 是给定的初始观测值. 参数空间 Θ 是一个紧集. 参数 θ 属于紧凑集 Θ 的内部. 令 $\theta=(\tau,\ \gamma,\ \beta)^T$ 是模型 (10.6) 和 (10.5) 的参数，$\theta=$

$(\tau_H, \gamma_1, \cdots, \gamma_q)^T$是模型（10.6）和（10.7）的参数. $\theta_0 = (\tau_{H0}, \gamma_0, \beta_0)^T$ 和 $\theta_0 = (\tau_{H0}, \gamma_{10}, \cdots, \gamma_{q0})^T$分别为参数真值.

（G2）$\tau_H > 0$，$\gamma > 0$，$\beta \in [0, 1)$，$\gamma_i > 0$.

（G3）$\{\varepsilon_n\}$是 0 均值和单位方差的 *i. i. d.* 序列，$\{Z_{Hn}\}$也是 *i. i. d.* 序列.

（G4）$E\varepsilon_n^4 < \infty$，$EZ_{Hn}^4 < \infty$.

（G5）对模型（10.6）和（10.7），$\gamma_0\tau_0^2 EZ_{Hn}^2 + \beta_0 < 1$，对模型（10.6）和（10.5），

$$\gamma_{10}\tau_0^2 EZ_{Hn}^2 + \gamma_{20}\tau_0^2 EZ_{Hn}^2 + \cdots + \gamma_{q0}\tau_0^2 EZ_{Hn}^2 < 1.$$

（G6）$EH^2(\psi_n(u)) = 1$.

定理 10.1　如果满足假设（G1）~（G6），则在原假设成立下，

$$\widetilde{Q}^2 = N\widetilde{C}_M^T \widetilde{V}^{-1} \widetilde{C}_M \xrightarrow{d} \chi^2(m),$$

其中

$$\widehat{C}_M = (\widehat{C}_1, \widehat{C}_2, \cdots, \widehat{C}_m)^T, \widetilde{V}_1 = \widetilde{C}_0^2 I_M + \widetilde{C}_H \widetilde{X} \widetilde{G}^{-1} \widetilde{X}^T - 2\widetilde{C}_{H0} \widetilde{X} \widetilde{G}^{-1} \widetilde{X}_H^T,$$

$$\widetilde{C}_H = \frac{1}{N}\sum_{n=1}^{N} \frac{H_n^4}{\widetilde{\sigma}_{Hn}^4} - 1, \widetilde{C}_{H0} = \frac{1}{N}\sum_{n=1}^{N}\left[\left(\frac{H_n^2}{\widetilde{\sigma}_{Hn}^2} - 1\right)\left(\frac{r_n^2}{\widetilde{\sigma}_n^2} - 1\right)\right],$$

$$\widetilde{X} = (\widetilde{X}_1, \widetilde{X}_2, \cdots, \widetilde{X}_m)^T, \widetilde{X}_H = (\widetilde{X}_{H1}, \widetilde{X}_{H2}, \cdots, \widetilde{X}_{Hm})^T,$$

$$\widetilde{X}_{Hk} = -\frac{1}{N}\sum_{n=k+1}^{N}\left[\left(\frac{1}{\widetilde{\sigma}_{Hn}^2}\frac{\partial \sigma_{Hn}^2}{\partial \theta}\right)\left(\frac{r_{n-k}^2}{\widetilde{\sigma}_{n-k}^2} - 1\right)\right], k = 1, 2, \cdots, m.$$

事实上，由于参数 τ_H 的存在，拟极大似然估计 $\widetilde{\theta}$ 的获取变得困难. 然而，如果确定了一个适当的波动率代理 $H(\cdot)$，是可以克服困难的. 当波动率代理 $H(\cdot)$满足 $EH^2(\psi_n(u)) = 1$ 时，意味着 $\mu_H = 1$，此时 $\tau = \tau_H$. 因此，假设 $\mu_H = 1$，我们可得如下引理.

引理 10.1　如果假设（G1）~（G6）满足，则在原假设成立下，

$$\widetilde{Q}^2 = N\widetilde{C}_M^T \widetilde{V}_2^{-1} \widetilde{C}_M \xrightarrow{d} \chi^2(m),$$

其中

$$\widetilde{V}_2 = \widetilde{C}_0^2 I_M + (\widetilde{C}_H - 2\widetilde{C}_{H0})\widetilde{X}G^{-1}\widetilde{X}^T.$$

10.6　定理的证明

10.6.1　定理 10.1 的证明

证明　由于 $\sqrt{N}C_M \xrightarrow{d} N(0,\ I_M)$，则 $\sqrt{N}C_M \xrightarrow{d} N(0,\ C_0^2 I_M)$.

通过泰勒展开，得

$$\widetilde{C}(\tilde{\theta}) \approx C(\theta_0) + \frac{\partial C}{\partial \theta}(\tilde{\theta} - \theta_0),$$

$$\frac{\partial C_k}{\partial \theta} = -\frac{1}{N}\sum_{n=k+1}^{N}\left(\frac{r_n^2}{\sigma_n^4}\frac{\partial \sigma_n^2}{\partial \theta}\right)\left(\frac{r_{n-k}^2}{\sigma_{n-k}^2} - 1\right) - \frac{1}{N}\sum_{n=k+1}^{N}\left(\frac{r_n^2}{\sigma_n^2} - 1\right)\left(\frac{r_{n-k}^2}{\sigma_{n-k}^4}\frac{\partial \sigma_{n-k}^2}{\partial \theta}\right).$$

由于

$$\frac{1}{N}\sum_{n=k+1}^{N}\left(\frac{r_n^2}{\sigma_n^2} - 1\right)\left(\frac{r_{n-k}^2}{\sigma_{n-k}^4}\frac{\partial \sigma_{n-k}^2}{\partial \theta}\right) \longrightarrow 0 (n \to \infty),$$

因此

$$\widetilde{C}(\tilde{\theta}) \approx C(\theta_0) + X(\tilde{\theta} - \theta_0).$$

$$X = (X_1,\ X_2,\ \cdots,\ X_m)^T,$$

$$X_k = -\frac{1}{N}\sum_{n=k+1}^{N}\left(\frac{1}{\sigma_n^2}\frac{\partial \sigma_n^2}{\partial \theta}\right)\left(\frac{r_{n-k}^2}{\sigma_{n-k}^2} - 1\right),\ k = 1,\ 2,\ \cdots,\ m.$$

为得到 $\sqrt{N}\widetilde{C}$ 的渐近分布，关键是计算 $\sqrt{N}X(\tilde{\theta} - \theta_0)$ 和 $\sqrt{N}C$ 之间的协方差. 因而，必须先计算 $E[(\tilde{\theta} - \theta_0)C^T]$.

对 $\frac{\partial L(\tilde{\theta})}{\partial\theta}$ 进行泰勒展开，得

$$0=\frac{\partial L(\tilde{\theta})}{\partial\theta}=\frac{\partial L(\theta_0)}{\partial\theta}+\frac{\partial^2 L(\tilde{\theta})}{\partial\theta\partial\theta^T}(\tilde{\theta}-\theta_0),$$

则

$$\tilde{\theta}-\theta_0=\frac{\partial L(\theta_0)}{\partial\theta}\left[\frac{\partial^2 L(\tilde{\theta})}{\partial\theta\partial\theta^T}\right]^{-1},$$

$$\tilde{\theta}-\theta_0=-(NG)^{-1}\frac{\partial L(\theta_0)}{\partial\theta},$$

其中 $G=E\left(\frac{1}{\sigma_{Hn}^4}\frac{\partial\sigma_{Hn}^2}{\partial\theta}\frac{\partial\sigma_{Hn}^2}{\partial\theta^T}\right)$，$\sigma_{Hn}=\upsilon_n\tau_H$. 通过计算，易得

$$E[(\tilde{\theta}-\theta_0)C^T]=E\left[-(NG)^{-1}\frac{\partial L(\theta_0)}{\partial\theta}C^T\right]=-\frac{G^{-1}}{N}E\left[\frac{\partial L(\theta_0)}{\partial\theta}C^T\right].$$

根据(10.11)式，

$$\frac{\partial L}{\partial\theta}=\sum_{n=1}^{N}\left(1-\frac{H_n^2}{\sigma_{Hn}^2}\right)\frac{1}{\sigma_{Hn}^2}\frac{\partial\sigma_{Hn}^2}{\partial\theta},$$

则

$$\begin{aligned}E\left(\frac{\partial L}{\partial\theta}C_k\right)&=\frac{1}{N}E\left[\sum_{n=1}^{N}\left(1-\frac{H_n^2}{\sigma_{Hn}^2}\right)\frac{1}{\sigma_{Hn}^2}\frac{\partial\sigma_{Hn}^2}{\partial\theta}\sum_{t=k+1}^{N}\left(\frac{r_t^2}{\sigma_t^2}-1\right)\left(\frac{r_{t-k}^2}{\sigma_{t-k}^2}-1\right)\right]\\&=-\frac{1}{N}E\left[\sum_{n=1}^{N}\left(\frac{r_n^2}{\sigma_{Hn}^2}-1\right)\frac{1}{\sigma_{Hn}^2}\frac{\partial\sigma_{Hn}^2}{\partial\theta}\left(\frac{r_n^2}{\sigma_n^2}-1\right)\left(\frac{r_{n-k}^2}{\tilde{\sigma}_{n-k}^2}-1\right)\right]\\&=E\left[\left(\frac{r_n^2}{\sigma_{Hn}^2}-1\right)\left(\frac{r_n^2}{\sigma_n^2}-1\right)\right]\cdot E\left[-\frac{1}{N}\sum_{n=1}^{N}\frac{1}{\sigma_{Hn}^2}\frac{\partial\sigma_{Hn}^2}{\partial\theta}\left(\frac{r_{n-k}^2}{\tilde{\sigma}_{n-k}^2}-1\right)\right].\end{aligned}$$

记

$$C_{H0}\triangleq E\left[\left(\frac{r_n^2}{\sigma_{Hn}^2}-1\right)\left(\frac{r_n^2}{\sigma_n^2}-1\right)\right],$$

$$X_{Hk} \triangleq -\frac{1}{N}\sum_{n=1}^{N}\frac{1}{\sigma_{Hn}^{2}}\frac{\partial\sigma_{Hn}^{2}}{\partial\theta}\left(\frac{r_{n-k}^{2}}{\widetilde{\sigma}_{n-k}^{2}}-1\right),$$

则

$$E\left(\frac{\partial L}{\partial\theta}C_k\right)=C_{H0}X_{Hk},$$

$$\mathrm{Cov}(\sqrt{N}X(\widetilde{\theta}-\theta_0),\ \sqrt{N}C)=-C_{H0}XG^{-1}X_H^T.$$

由于

$$\mathrm{Var}(\varepsilon_n^{*2})=E\left(\frac{r_n^2}{\sigma_{Hn}^2}-1\right)^2=E\left(\frac{r_n^4}{\sigma_{Hn}^4}\right)-1\triangleq C_H,$$

因此

$$\begin{aligned}\mathrm{Var}(\sqrt{N}\widetilde{C}_M)&=\mathrm{Var}(\sqrt{N}C_M)+\mathrm{Var}(\sqrt{N}X(\widetilde{\theta}-\theta_0))+2\mathrm{Cov}(\sqrt{N}X(\widetilde{\theta}-\theta_0),\ \sqrt{N}C_M)\\&=C_0^2I_M+C_HXG^{-1}X_H^T\triangleq V_1.\end{aligned}$$

又由于$\sqrt{N}\widetilde{C}_M\xrightarrow{d}N(0,\ V_1)$，因此

$$N\,\widetilde{C}_M^TV_1^{-1}\widetilde{C}_M\xrightarrow{d}\chi^2(m).$$

类似地，我们有

$$N\,\widetilde{C}_M^T\widetilde{V}_1^{-1}\widetilde{C}_M\xrightarrow{d}\chi^2(m),$$

$$\widetilde{V}_1=\widetilde{C}_0^2I_M+(\widetilde{C}_H-2\widetilde{C}_{H0})XG^{-1}X^T.$$

$$\widetilde{C}_0=\frac{1}{N}\sum_{n=1}^{N}\frac{r_n^4}{\widetilde{\sigma}_n^4}-1,$$

$$\widetilde{C}_{H0}=\frac{1}{N}\sum_{n=1}^{N}\frac{r_n^4}{\widetilde{\sigma}_n^4}-1,$$

$$\widetilde{C}_H = \frac{1}{N}\sum_{n=1}^{N}\frac{H_n^4}{\widetilde{\sigma}_n^4} - 1,$$

$$\widetilde{C}_{H0} = \frac{1}{N}\sum_{n=1}^{N}\left[\left(\frac{H_n^2}{\widetilde{\sigma}_{Hn}^2} - 1\right)\left(\frac{r_n^2}{\widetilde{\sigma}_n^2} - 1\right)\right].$$

这就完成了对定理 10. 1 的证明.

10. 6. 2 引理 10. 1 的证明

证明 类似于定理 10. 1 的证明. 此处不需定义 X_H. 根据 Visser(2011)[10]，假设 τ 和 τ_H 是已知的，于是

$$\frac{1}{\sigma_{Hn}^2}\frac{\partial\sigma_{Hn}^2}{\partial\theta} = \frac{1}{\tau_H^2\upsilon_n^2}\frac{\tau_H^2\upsilon_n^2}{\partial\theta} = \frac{1}{\upsilon_n^2}\frac{\partial\upsilon_n^2}{\partial\theta} = \frac{1}{\tau^2\upsilon_n^2}\frac{\tau^2\partial\upsilon_n^2}{\partial\theta} = \frac{1}{\sigma_n^2}\frac{\partial\sigma_n^2}{\partial\theta}.$$

如果假设 $E(H^2(\psi_n(u)))=1$，即 $\mu_H=1$，我们可以削弱条件，此时，即使 τ 和 τ_H 是未知的，由于 $\tau_H=\tau$，我们仍然有

$$\frac{1}{\sigma_{Hn}^2}\frac{\partial\sigma_{Hn}^2}{\partial\theta} = \frac{1}{\sigma_n^2}\frac{\partial\sigma_n^2}{\partial\theta},$$

注意到

$$E\left(\frac{\partial L}{\partial\theta}C_k\right) = C_{H0}X_k,$$

$$\mathrm{Cov}(\sqrt{N}X(\widetilde{\theta}-\theta_0),\ \sqrt{N}C) = -C_H X G^{-1} X^T.$$

又由于

$$\mathrm{Var}(Z_{Hn}^2) = E\left(\frac{H_n^2}{\sigma_{Hn}^2} - 1\right)^2 = E\left(\frac{H_n^4}{\sigma_{Hn}^2}\right) - 1 \triangleq C_H,$$

则

$$\mathrm{Var}(\sqrt{N}\widetilde{C}_M) = \mathrm{Var}(\sqrt{N}C_M) + \mathrm{Var}(\sqrt{N}X(\widetilde{\theta}-\theta_0)) + 2\mathrm{Cov}(\sqrt{N}X(\widetilde{\theta}-\theta_0),\ \sqrt{N}C_M)$$

$$=C_0^2 I_M + C_H X G^{-1} X^T - 2C_{H0} X G^{-1} X^T$$

$$=C_0^2 I_M + (C_H - 2C_{H0}) X G^{-1} X^T \triangleq V_2,$$

又 $\sqrt{N}\widetilde{C}_M \xrightarrow{d} N(0,\ V_2)$，因此

$$N\,\widetilde{C}_M^T\,\widetilde{V}_2^{-1}\,\widetilde{C}_M \xrightarrow{d} \chi^2(m).$$

这就完成了对引理 10.1 的证明.

10.7　数值模拟

在本节中，我们通过蒙特卡罗实验模拟所提混成检验的有限样本性能. 在实际应用中，对数收益率序列 $R_n(u)$ 可以根据股票价格计算. 为了模拟中国证券交易所市场，区间 $[0,\ 1]$ 被划分为 240 个小的等区间，代表盘中交易的每分钟. 在模拟生成 $R_n(u)$ 之前，必须先生成高频残差序列 $\psi_n(u)$，$\psi_n(u)$ 可以使用平稳的 Ornstein-Uhlenbeck 过程：

$$\mathrm{d}Y_n(u) = -\delta(Y_n(u) - \mu)\mathrm{d}u + \sigma_Y \mathrm{d}B_n^{(2)}(u),$$

$$\mathrm{d}\psi_n(u) = e^{Y_n(u)}\mathrm{d}B_n^{(1)}(u),\quad u \in [0,\ 1].$$

其中，$B_n^{(1)}$ 和 $B_n^{(2)}$ 是两个不相关的布朗运动过程，$\psi_n(0)=0$，$Y(0)$ 可由平稳过程 $N(\mu,\ \sigma_Y^2/2\delta)$ 产生. 固定 $\tau_H = 1$，令

$$\mu = -1/16,\ \delta = 1/2,\ \sigma_Y = 1/4.$$

这确保了 $E[\psi_n^2(1)]=1$. $R_n(u)$ 的计算是基于给定的参数向量 θ，使用公式(10.6)与(10.7)，公式(10.6)与(10.5). 对于 ARCH(2)，$\eta=(0.6,\ 0.3)^T$ 和 $\eta=(0.4,\ 0.25)^T$. 对于 GARCH(1, 1)，$\eta=(0.1,\ 0.6)^T$ 和 $\eta=(0.25,\ 0.5)^T$. 对应的方程如下：

$$v_n^2 = 1 + 0.6 r_{n-1}^2 + 0.3 r_{n-2}^2, \tag{10.10}$$

$$v_n^2 = 1 + 0.4 r_{n-1}^2 + 0.25 r_{n-2}^2, \tag{10.11}$$

$$v_n^2 = 1 + 0.1 r_{n-1}^2 + 0.6 v_{n-1}^2, \tag{10.12}$$

$$v_n^2 = 1 + 0.25 r_{n-1}^2 + 0.5 v_{n-1}^2, \tag{10.13}$$

波动率代理使用已实现的波动率(RV). 考虑 3 种采样频率：5 分钟，15 分钟和 30 分钟，相应的波动率代理分别记为 $RV5_n$，$RV15_n$ 和 $RV30_n$，其计算公式见第 8 章中的(8.26)式. 这里，以 5 分钟采样频率为例，给出高频残差 $\psi_n(u)$的计算公式：

$$H(\psi_n(u)) = \sqrt{\sum_{i=1}^{48} [\psi_n(u_i) - \psi_n(u_{i-1})]^2}.$$

为评估模型性能，考虑样本量 $N = 200, 300, 400, 500$ 的情形，每一样本量下每一模型生成 1000 个独立重复，并计算模型参数估计的均方根误差(RMSE)：

$$RMSE(\hat{\eta}) = \sqrt{\frac{1}{1000}\sum_{i=1}^{1000} (\hat{\eta}_i - \eta)^2},$$

其中 $\hat{\eta}_i$ 是第 i 次的参数估计值，η 是参数的真实值. RMSE 的结果展示在表 10.1 中.

表 10.1 中的$|r_n|$表示日频 ARCH 模型，$H_n = |r_n|$是使用每日收盘收益率计算的. 从表 10.1 中可清楚地看到，使用高频数据的日内模型获得的估计结果优于日频模型. 进一步，我们测试模型混成检验统计量的性能，并将其与日频模型进行比较，并用自由度为 6 的χ^2 分布的 95% 分位数来确定拒绝比例，计算的经验水平结果见表 10.2.

表 10.1　四个波动率代理模型下参数估计的 RMSE

	N	200		300		400		500	
	参数	γ_1	γ_2	γ_1	γ_2	γ_1	γ_2	γ_1	γ_2
模型 (10.10)	$\|r_n\|$	0.1755	0.1282	0.1418	0.1088	0.1280	0.0941	0.1097	0.0819
	$RV30_n$	0.0788	0.0585	0.0656	0.0489	0.0563	0.0408	0.0490	0.0370
	$RV15_n$	0.0663	0.0497	0.0551	0.0410	0.0471	0.0346	0.0414	0.0319
	$RV5_n$	0.0573	0.0410	0.0480	0.0355	0.0412	0.0346	0.0353	0.0268
模型 (10.11)	$\|r_n\|$	0.1439	0.1197	0.1184	0.0994	0.1064	0.0847	0.0919	0.0801
	$RV30_n$	0.0676	0.0568	0.5550	0.0462	0.0465	0.0378	0.0424	0.0344
	$RV15_n$	0.0568	0.0469	0.0480	0.0386	0.0385	0.0325	0.0367	0.0293
	$RV5_n$	0.0486	0.0392	0.0416	0.0327	0.0330	0.0278	0.0316	0.0253

（续上表）

	N	200		300		400		500	
	参数	γ_1	β_1	γ_1	β_1	γ_1	β_1	γ_1	β_1
模型（10.12）	$\|r_n\|$	0.0773	0.0777	0.0651	0.0656	0.0552	0.0559	0.0485	0.0499
	$RV30_n$	0.0372	0.0367	0.0304	0.0306	0.0267	0.0257	0.0228	0.0221
	$RV15_n$	0.0306	0.0302	0.0259	0.0257	0.0226	0.0217	0.0193	0.0188
	$RV5_n$	0.0268	0.0263	0.0226	0.0219	0.0197	0.0191	0.0165	0.0157
模型（10.13）	$\|r_n\|$	0.1240	0.0941	0.0935	0.0750	0.0856	0.0670	0.0730	0.0573
	$RV30_n$	0.0529	0.0411	0.0426	0.0342	0.0373	0.0300	0.0324	0.0254
	$RV15_n$	0.0447	0.0342	0.0354	0.0282	0.0313	0.0252	0.0268	0.0219
	$RV5_n$	0.0370	0.0287	0.0305	0.0243	0.0263	0.0210	0.0232	0.0187

由表 10.2 可知，随着样本量的增加，日内模型的结果比日频模型更接近 0.05. 这说明引入高频数据可提高模型的估计精度.

表 10.2　四个波动率代理模型下的经验水平

	N	200	300	400	500
模型（10.10）	$\|r_n\|$	0.039	0.033	0.037	0.031
	$RV30_n$	0.070	0.064	0.059	0.058
	$RV15_n$	0.071	0.064	0.052	0.057
	$RV5_n$	0.075	0.059	0.056	0.059
模型（10.11）	$\|r_n\|$	0.030	0.029	0.033	0.019
	$RV30_n$	0.075	0.047	0.052	0.044
	$RV15_n$	0.075	0.055	0.054	0.049
	$RV5_n$	0.075	0.054	0.057	0.050

（续上表）

	N	200	300	400	500
模型（10.12）	$\lvert r_n \rvert$	0.024	0.035	0.028	0.030
	$RV30_n$	0.068	0.062	0.046	0.047
	$RV15_n$	0.061	0.071	0.054	0.054
	$RV5_n$	0.064	0.070	0.048	0.058
模型（10.13）	$\lvert r_n \rvert$	0.037	0.024	0.035	0.027
	$RV30_n$	0.066	0.059	0.060	0.047
	$RV15_n$	0.064	0.064	0.062	0.050
	$RV5_n$	0.072	0.062	0.060	0.052

对于检验功效，我们定义 ARCH(2)和 GARCH(1，1)的备选假设如下：

$$H_1:\ v_n^2 = 1 + \gamma_1 r_{n-1}^2 + \gamma_2 r_{n-2}^2 + \gamma_3 r_{n-3}^2,$$

$$H_1:\ v_n^2 = 1 + \gamma_1^* r_{n-1}^2 + \gamma_2^* r_{n-2}^2 + \beta_1 v_{n-1}^2.$$

其中，γ_1 和 γ_2 分别来自模型（10.10）和模型（10.11），而 γ_1^* 和 β_1 分别来自模型（10.12）和模型（10.13），且均为固定值．下面，我们引入 γ_3 和 γ_2^* 作为变量，测试对检验功效的影响.

图 10.1 和图 10.2 展示的是模型（10.10）和模型（10.11），即 ARCH(2）模型的混成检验功效变化趋势，图 10.3 和图 10.4 展示的是模型（10.12）和模型（10.13），即 GARCH(1，1)模型的混成检验功效变化趋势．此处，γ_3 取 0.1，0.2，0.3，0.4，考察在 4 个不同波动率代理下模型的检验功效随参数 γ_3 取值变化而变化的趋势．γ_2^* 取 0.1，0.2，…，0.5，考察在 4 个不同波动率代理下模型的检验功效随参数 γ_2^* 取值变化而变化的趋势.

从 4 个功效图中可以看出，日内模型的功率趋势曲线与日频模型的功率趋势曲线存在显著差异，尽管这种差异随着样本量的增加而减小，但使用了日内高频数据模型的功效比没有使用高频数据模型的功效明显要高．此外，ARCH 模型的功效比 GARCH 模型的功效高，说明 ARCH 模型对数据的拟合效果更好.

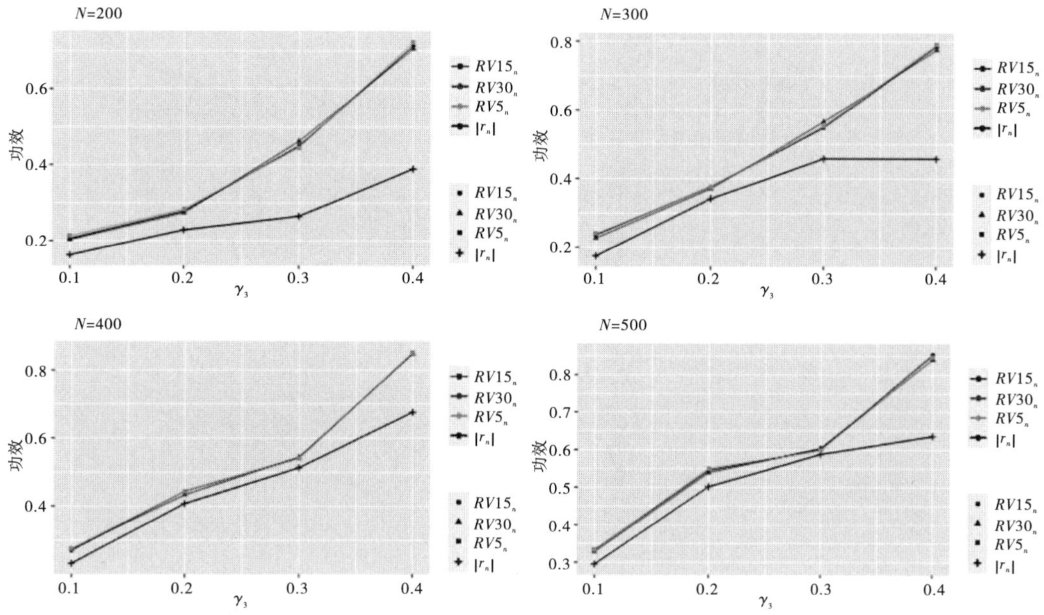

图 10.1　模型（10.10）混成检验的功效

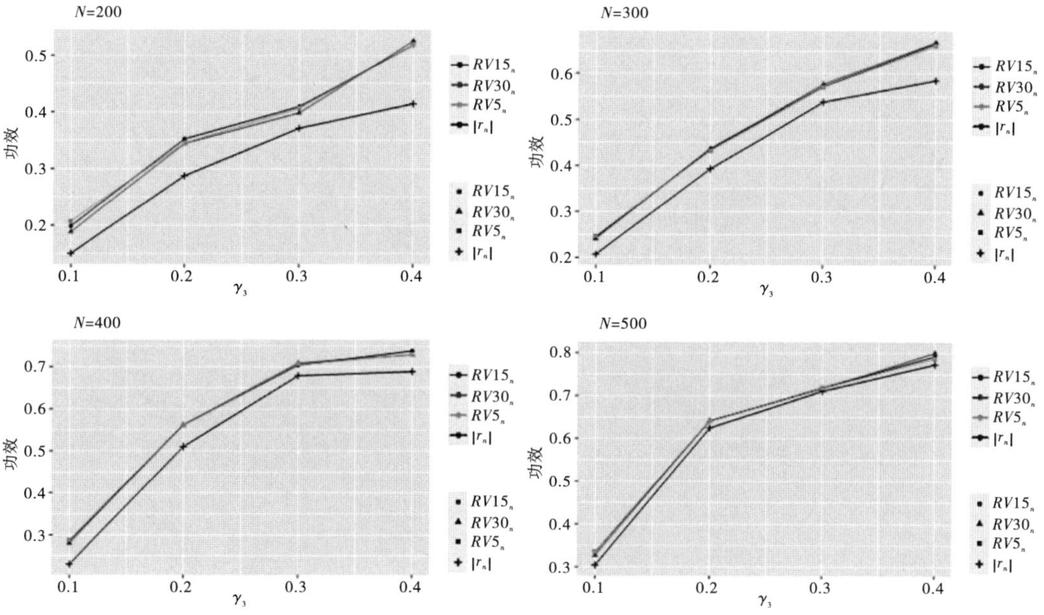

图 10.2　模型（10.11）混成检验的功效

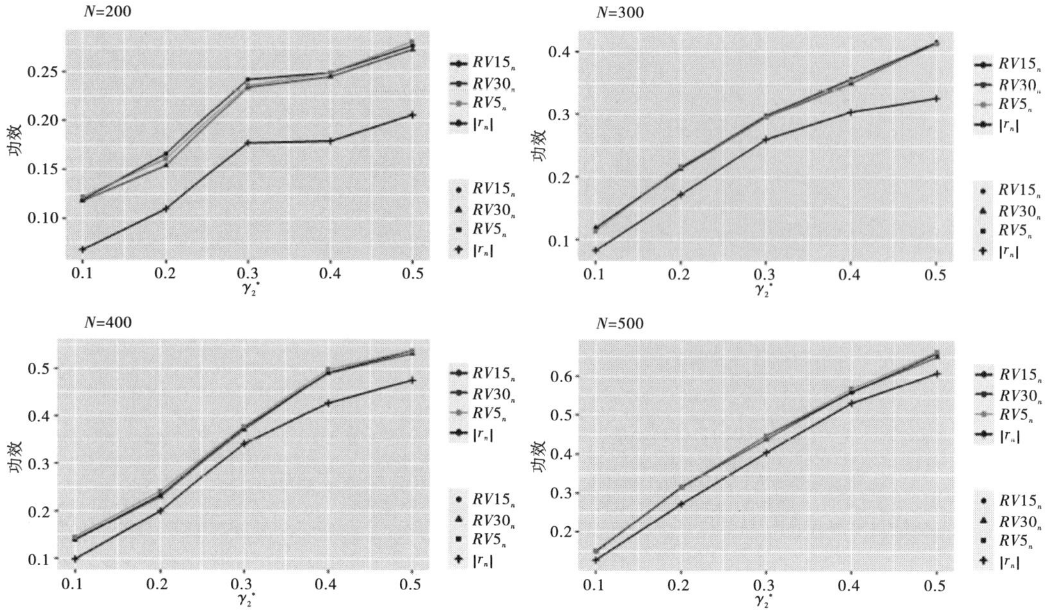

图 10.3　模型（10.12）混成检验的功效

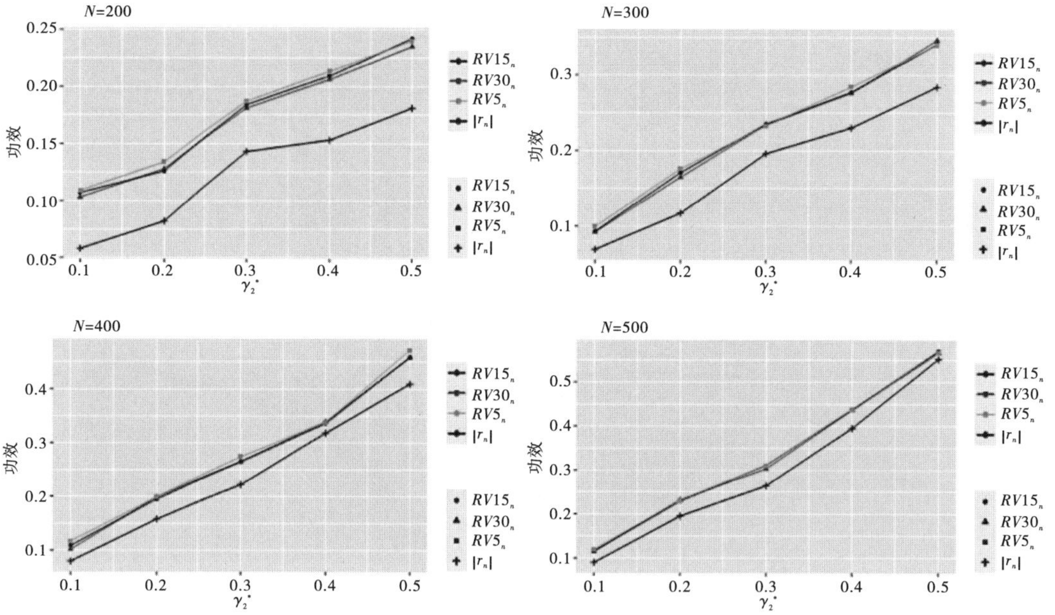

图 10.4　模型（10.13）混成检验的功效

10.8　实证研究

在这一节中，我们讨论混成检验在实际样本中的应用．考察 CSI 300，SSE 50 和 CSI 500 三个股票指数．其中 CSI 300 指数选择了从 2005 年 4 月 8 日到 2015 年 12 月 31 日，连续 2610 天的数据；SSE 50 指数选择了从 2004 年 1 月 2 日到 2015 年 10 月 13 日，连续 2856 天的数据；CSI 500 指数选择了从 2007 年 1 月 15 日到 2015 年 10 月 13 日，连续 2124 天的数据.

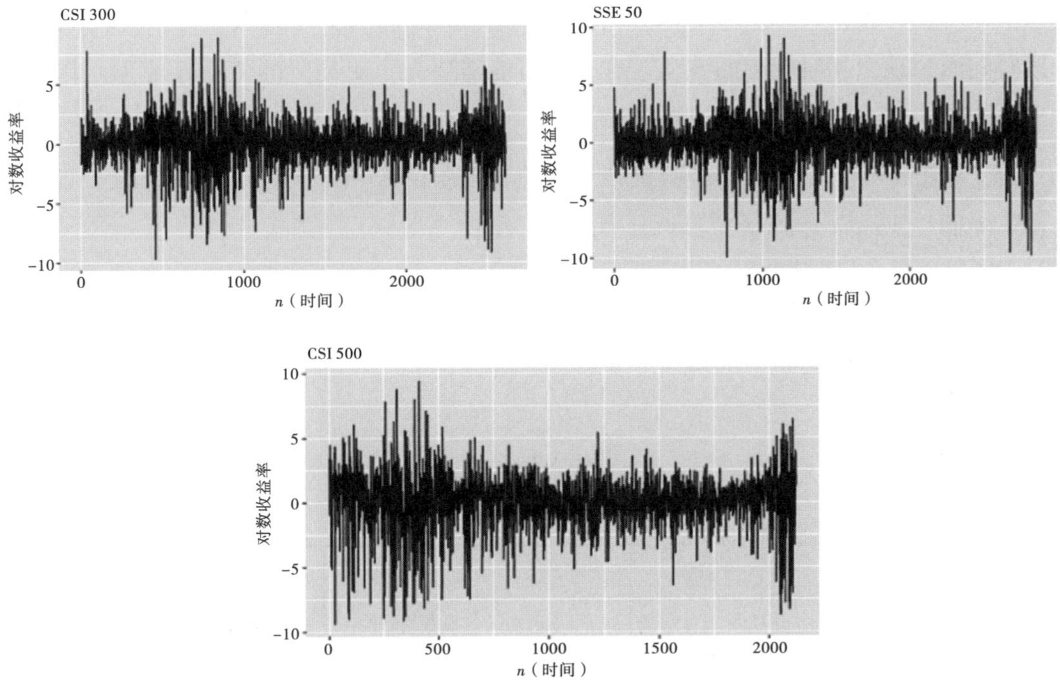

图 10.5　CSI 300，SSE 50 和 CSI 500 三个指数的日对数收益率趋势图

图 10.5 展示了三个指数（CSI 300，SSE 50 和 CSI 500）的日对数收益率趋势图．三个子图的纵坐标为对数收益率，横坐标为时间．从图 10.5 可以明显看出，所有三个样本都表现出显著的异方差，并在 0 上下波动．因此，可以考虑 ARCH 或 GARCH 模型.

然而，模型的估计是一个挑战，特别是在估计参数 μ_H 时．为了克服这个问题，我们假设 $\mu_H=1$，从而有 $\tau_H=\tau$．注意到 $\omega=\tau^2$，我们可在日频模型中获得 τ^2 的估计．这意味着日内模型的估计将依赖于日频模型.

我们考虑用 ARCH(2)模型拟合数据，相应的低频数据的 ARCH(2)模型的混成检验统计量结果见表 10.3.

表 10.3　ARCH(2)的统计量 Q^2 的结果

指数	CSI 300	SSE 50	CSI 500
$Q^2(r_n)$	92.5215	104.0227	76.4603

选择 $m=6$. 显然，所有三个样本的结果均显著大于 $\chi^2_{0.95}(6)=12.5916$，因此均拒绝原假设，说明 ARCH(2)模型对数据拟合不够. 为了确定一个更合适的模型，我们检查模型的残差部分，并观察对数收益率数据. 值得注意的是，CSI 500 的对数收益率在一段时间内表现出相对较小的波动，这表明可能需要一个更高阶的 ARCH 模型. 因此，我们考虑 GARCH(1，1)模型. 模型的参数估计值见表 10.4.

对于模型的检验，在计算检验统计量之前，先验证 $E(H^2(\psi_n))=1$，即 $\mu_H=1$ 这一假设. 因此，我们计算 $E(H^2(\psi_n))=1$ 的估计值：

$$E(\widehat{H}^2(\psi_n))=E\left(\frac{H_n^2}{\widehat{\upsilon_n^2}\widehat{\tau_n^2}}\right).$$

具体计算结果见表 10.5.

表 10.4　GARCH(1，1)的参数估计值

<table>
<tr><th>指数</th><th>代理</th><th>τ^2/τ_H^2</th><th>α</th><th>β</th></tr>
<tr><td rowspan="4">CSI 300</td><td>$|r_n|$</td><td rowspan="4">0.0069</td><td>0.0553</td><td>0.9447</td></tr>
<tr><td>$RV30_n$</td><td>0.1775</td><td>0.8678</td></tr>
<tr><td>$RV15_n$</td><td>0.1718</td><td>0.8659</td></tr>
<tr><td>$RV5_n$</td><td>0.1860</td><td>0.8646</td></tr>
<tr><td rowspan="4">SSE 50</td><td>$|r_n|$</td><td rowspan="4">0.0254</td><td>0.0563</td><td>0.9372</td></tr>
<tr><td>$RV30_n$</td><td>0.1723</td><td>0.8592</td></tr>
<tr><td>$RV15_n$</td><td>0.1733</td><td>0.8653</td></tr>
<tr><td>$RV5_n$</td><td>0.1889</td><td>0.8570</td></tr>
</table>

（续上表）

指数	代理	τ^2/τ_H^2	α	β
CSI 500	$\|r_n\|$	0.0223	0.0532	0.9416
	$RV30_n$		0.1704	0.8477
	$RV15_n$		0.1773	0.8479
	$RV5_n$		0.1748	0.8556

表 10.5　GARCH(1，1) 的 $E(H^2(\psi_n))$ 的估计值

	$RV30_n$	$RV15_n$	$RV5_n$
CSI 300	1.0007	1.0004	0.9996
SSE 50	1.0024	1.0026	1.0000
CSI 500	1.0042	1.0033	1.0018

表 10.5 显示，$E(H^2(\psi_n))$的估计量几乎接近于 1. 这表明，已经确定了一个适当的波动性指标. 进而可计算混成检验统计量，具体结果见表 10.6.

表 10.6　统计量 Q^2 的 GARCH(1，1) 的结果

	$Q^2(r_n)$	$Q^2(RV30_n)$	$Q^2(RV15_n)$	$Q^2(RV5_n)$
CSI 300	3.9670	22.6534	20.1195	19.7573
SSE 50	6.7440	25.4250	20.3720	22.1240
CSI 500	11.3254	9.5863	10.0561	8.4238

在 5% 显著性水平下，拒绝域的临界值为$\chi^2_{0.95}(6)=12.5916$. 值得注意的是，我们检验的零假设为模型拟合是充分的，而备择假设则为模型拟合是不充分的. 在混成检验中，检验统计量的值越高，说明拒绝零假设的可能性越大，这意味着模型拟合不充分.

从表 10.6 中可以看出，对于日频模型，三个股票指数对应的混成检验统计量均落在可接受的区域内. 然而，日内模型除 CSI 500 指数外，CSI 300 和 SSE 50 指数的混成检验统计量均落入了拒绝区域内.

此外，还可发现一个有趣的现象. 一方面，当日内模型拒绝原假设时，混成检验统计量的值与日频模型的存在显著差异. 另一方面，当日内模型接受零假设时，相应的混成检验统计量结果差异不显著. 具体地说，如果日内模型拟合充分，那么日频模型拟合可能不够充分．相反，如果日频模型拟合不充分，那么日内模型拟合也不充分．这表明，日频模型可以看作一个边界模型，在实际应用中，当日频模型拟合不充分时，则无须进一步考虑日内模型．因此，日内模型拒绝零假设，而日频模型接受零假设，这是一个值得关注的问题，有待进一步研究．

为了便于分析，图 10.6 和图 10.7 展示了估计的波动率曲线和残差散点图．

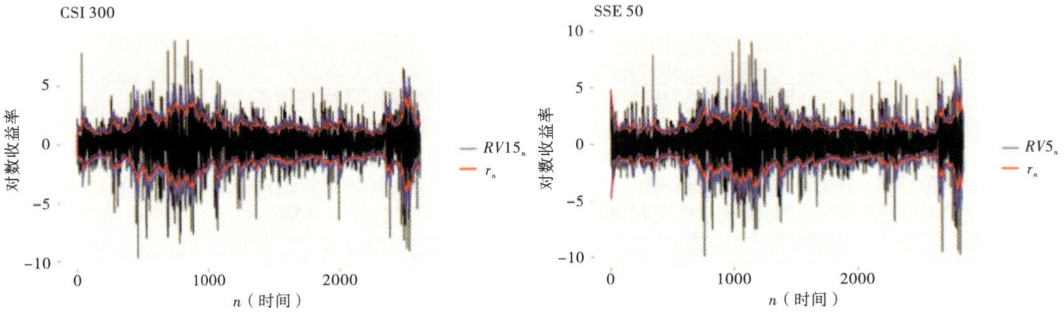

图 10.6　CSI 300 和 SSE 50 的估计波动率曲线

注：黑色曲线为真实数据曲线，蓝色曲线为波动率代理的估计曲线，红色曲线为使用低频率数据模型的波动率估计曲线．

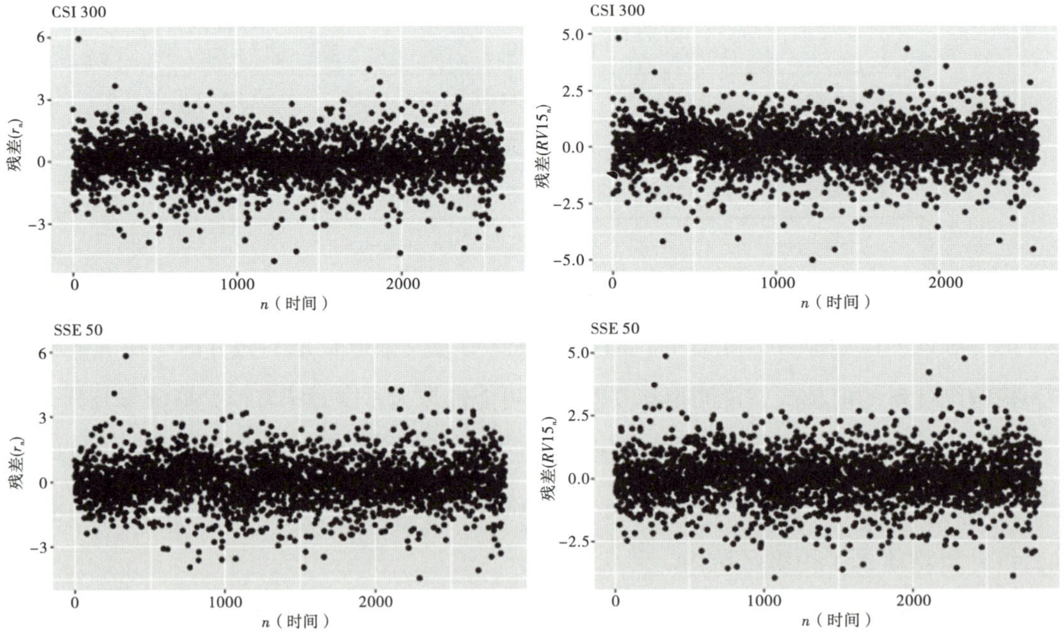

图 10.7　CSI 300 和 SSE 50 残差散点图

由于不同高频波动代理（$RV30_n$，$RV15_n$，$RV5_n$）的结果相似且曲线重叠，因此选择了 $E(\widehat{H}^2(\psi_n))$ 更接近 1 的模型. 图 10.6 说明了从高频数据得出的估计波动曲线显示出更大的波动，表明其捕获更多信息的能力. 从图 10.7 中可以看出，低频模型的残差主要集中在［-3，3］的范围内，而高频模型的残差主要集中在［-2.5，2.5］的范围内. 然而，结果也显示了一定程度的异方差.

10.9　讨论与结论

本章介绍了一种适用于基于高频数据的 ARCH 类模型的混合检验法. 该方法利用基于高频数据的 ARCH 模型的残差自相关函数向量及其 QMLE 的方差，构造了改进的混成检验统计量. 该统计量考虑了 ARCH 类模型中的一个冗余参数，它是高频残差正则化后的剩余部分，是传统混成检验中不存在的. 尽管有这个冗余参数的存在，改进的混成检验统计量仍然可被证明遵循卡方分布. 数值模拟研究验证了当所选模型拟合充分时，改进的混成检验统计量渐近遵循卡方分布，且基于高频信息的混成检验统计量的经验水平更接近 0.05，当模型拟合不足且样本量较小时，改进的混成检验统计量能更有效地拒绝模型，这表明改进的混成检验统计量提高了对 ARCH 类模型的充分性识别. 实证研究结果也表明，当基于低频数据的检验统计量接受零假设时，基于高频信息的检验统计量并不总是接受零假设，模型的残差图进一步说明基于高频数据的模型检验结果更为合理.

然而，尽管改进的混成检验有许多优点，但仍有一些问题需要解决. 首先，基于高频数据的 ARCH 类模型通常包含冗余参数 μ_H. 在现有的研究中，估计冗余参数 μ_H 依赖于从低频数据中获得的估计结果. 其次，基于高频数据的混成检验统计量比基于低频数据的混成检验统计量更加复杂，需要额外的计算步骤. 具体地说，当建立了更复杂的 ARCH 类模型的参数估计的渐近性质时，改进的混成检验统计量的推导就变得可行了. 这意味着改进的混成检验统计量具有更广泛的适用性.

10.10 本章小结

本章介绍了检验 ARCH 类模型拟合优度的一种新思路．这一思路的关键之处在于，借助日内高频数据信息来改进传统的混成检验统计量．我们通过一系列统计理论证明了改进的混成检验统计量遵循卡方分布，并通过大量的数值模拟实验验证了改进的混成检验统计量的有限样本性能，所得经验水平和功效结果表明，基于高频数据的检验在评估模型充分性方面优于基于低频数据的检验．实证研究结果同样表明，改进的混成检验统计量表现良好，在识别模型选择错误的情况下显示出了优势．本章思想可推广应用于其他 ARCH 类模型，如 TGARCH、EGARCH 模型等．

参考文献

[1] ENGLE R F. Autoregressive conditional heteroscedasticity with estimates of the variance of United Kingdom inflation [J]. Econometrica, 1982, 50 (4): 987-1008.

[2] BOLLERSLEV T. Generalized autoregressive conditional heteroskedasticity [J]. Journal of econometrics, 1986, 31 (3): 307-328.

[3] ANDERSEN T G, DAVIS R A, KREI J P, et al. Handbook of financial time series [M]. New York: Springer, 2009.

[4] FRANCQ C, ZAKOÏAN J M. Garch models: structure, statistical inference and financial applications [M]. Hoboken: John Wiley & Sons, Ltd, 2010: 141-201.

[5] ANDERSEN T G, BOLLERSLEV T. Answering the skeptics: yes, standard volatility models do provide accurate forecasts [J] . International economic review, 1998, 39 (4): 885-905.

[6] BARNDORFF-NIELSEN O E, SHEPHARD N. Estimating quadratic variation using realized variance [J]. Journal of applied econometrics, 2002, 17 (5): 457-477.

[7] ANDERSEN T G, BOLLERSLEV T, DIEBOLD F X, et al. Modeling and forecasting realized volatility [J]. Econometrica, 2003, 71 (2): 579-625.

[8] ENGLE R F, GALLO G M. A multiple indicator model for volatility using intradaily data [J]. Journal of econometrics, 2006, 131 (2): 3-27.

[9] HANSEN P R, LUNDE A. Realized variance and market microstructure noise [J]. Journal of business & economic statistics, 2006, 24 (2): 127-161.

[10] VISSER M P. GARCH parameter estimation using high-frequency data [J]. Journal of financial econometrics, 2011, 9 (1): 162-197.

[11] 黄金山，陈敏. 基于高频数据的 GARCH 模型的伪极大指数似然估计 [J]. 应用数学学报，2014，37 (6)：1005-1017.

[12] HUANG J S, WU W Q, CHEN Z, et al. Robust M-estimate of GJR model with high frequency data [J]. Acta mathematicae applicatae sinica, English series, 2015, 31 (3): 591 -606.

[13] 樊鹏英，兰勇，陈敏. 高频数据下基于 PGARCH 模型的 VaR 估计方法及应用 [J]. 系统工程理论与实践，2017，37（8）：2052－2059.

[14] FAN P Y, WU S X, ZHAO Z L, et al. M-estimation for periodic GARCH model with high-frequency data [J]. Acta mathematicae applicatae sinica, English series, 2017, 33 (3): 717 -730.

[15] 吴思鑫，冯牧，张虎，等. 基于高频数据的非平稳 GARCH（1，1）模型的拟极大指数似然估计［J］. 中国科学（数学），2018，48（3）：443－456.

[16] WANG M, CHEN Z, WANG C D. Composite quantile regression for GARCH models using high-frequency data [J]. Econometrics and statistics, 2018, 7 (1): 115 -133.

[17] BERKES I, ATH L H, KOKOSZKA P. GARCH processes: structure and estimation [J]. Bernoulli, 2003, 9 (2): 201 -227.

[18] HALL P, YAO Q. Inference in ARCH and GARCH models with heavy-tailed errors [J]. Econometrica, 2003, 71 (1): 285 -317.

[19] FRANCQ C, ZAKOÏAN J. Maximum likelihood estimation of pure GARCH and ARMA-GARCH processes [J]. Bernoulli, 2004, 10 (4): 605 -637.

[20] BERKES I, HORVATH L. The efficiency of the estimators of the parameters in GARCH processes [J]. Annals of statistics, 2004, 32 (2): 633 -655.

[21] STRAUMANN D, MIKOSCH T. Quasi-maximum-likelihood estimation in conditionally heteroscedastic time series: a stochastic recurrence equations approach [J]. Annals of statistics, 2006, 34 (5): 2449 -2495.

[22] PENG L, YAO Q. Least absolute deviations estimation for ARCH and GARCH models [J]. Biometrika, 2003, 90 (4): 967 -975.

[23] LI G, LI W K. Least absolute deviation estimation for fractionally integrated autoregressive moving average time series models with conditional heteroscedasticity [J]. Biometrika, 2008, 95 (2): 399 -414.

[24] ZHU K, LING S. Global self-weighted and local quasi-maximum exponential likelihood estimators for ARMA-GARCH/IGARCH models [J]. Annals of statistics, 2011, 39 (4): 2131 -2163.

[25] 张兴发，李元. 一类 GARCH-M 模型的拟极大指数似然估计 [J]. 应用数学学报，2016，39 (3)：321 -333.

[26] ZHU K, LING S. Quasi-maximum exponential likelihood estimators for a double AR(p) model [J]. Statistica sinica, 2013, 23 (1): 251 -270.

[27] PAN B, CHEN M. Quasi-maximum exponential likelihood estimation for a non stationary GARCH (1, 1) model [J]. Communications in statistics—theory and methods, 2016, 45 (4): 1000 -1013.

[28] BARNDORFF-NIELSEN O E, SHEPHARD N. Power and bipower variation with stochastic volatility and jumps [J]. Journal of financial econometrics, 2004, 2 (1): 1 -48.

[29] BARNDORFF-NIELSEN O E, SHEPHARD N. Econometrics of testing for jumps in financial economics using bipower variation [J]. Journal of financial econometrics, 2006, 4 (1): 1 -30.

[30] MCALEER M, MEDEIROS M C. Realized volatility: a review [J]. Econometric reviews, 2008, 27 (1 -3): 10 -45.

[31] AÏT-SAHALIA Y, FAN J, XIU D. High-frequency covariance estimates with noisy and asynchronous financial data [J]. Journal of the American Statistical Association, 2010, 105 (492): 1504 -1517.

[32] 徐正国，张世英. 高频时间序列的改进“已实现”波动特性与建模 [J]. 系统工程学报，2005，20 (4)：344 -350.

[33] 郭名媛，张世英. 赋权已实现波动及其长记忆性，最优频率选择 [J]. 系统工程学报，2006，21 (6)：568 -573.

[34] 唐勇，张世英. 已实现波动和已实现极差波动的比较研究 [J]. 系统工程学报，2007，22 (4)：437 -442.

[35] 李胜歌，张世英. 金融高频数据的最优抽样频率研究 [J]. 管理学报，2008，5 (6)：801 -806，840.

[36] 闵素芹，柳会珍．“已实现”波动率中最优抽样频率的选择［J］．统计与决策，2009（13）：13－15.

[37] 杨建辉，鲁旭芬．不同抽样频率下创业板指数波动的测度［J］．统计与决策，2012（23）：13－16.

[38] ENGLE R F. Chapter 13 Wald, likelihood ratio, and Lagrange multiplier tests in econometrics [M] //GRILICHES Z, INTRILIGATOR M D. (Eds.). Handbook of econometrics (Volume 2). Amsterdam: North-Holland Publishing Company, 1984: 775－826.

[39] WOOLDRIDGE J M. A unified approach to robust, regression-based specification tests [J]. Econometric theory, 1990, 6 (1): 17－43.

[40] DROST F C, KLAASSEN C A J. Effcient estimation in semiparametric GARCH models [J]. Social science electronic publishing, 1997, 81 (1): 193－221.

[41] 李莉丽，张兴发，李元，等．基于高频数据的日频 GARCH 模型估计［J］．广西师范大学学报（自然科学版），2021，39（4）：68－78.

[42] 李莉丽，张兴发，邓春亮，等．基于高频数据的 GARCH 模型拟极大指数似然估计［J］．应用数学学报，2022，45（5）：652－664.

[43] LIANG X, ZHANG X, LI Y, et al. Daily nonparametric ARCH(1) model estimation using intraday high frequency data [J]. AIMS mathematics, 2021, 6 (4): 3455－3464.

[44] GIORDANO F, PARRELLA L M. Effcient nonparametric estimation and inference for the volatility function [J]. Statistics, 2019, 53 (4): 770－791.

[45] PAGAN A R, SCHWERT G W. Alternative models for conditional stock volatility [J]. Journal of econometrics, 1990, 45 (1－2): 267－290.

[46] PAGAN A R, HONG Y S. Nonparametric estimation and the risk premium [M] // BARNETT W, POWELL, J, TAUCHEN G. (Eds.). Nonparametric and semiparametric methods in econometrics and statistics. New York: Cambridge University Press, 1991.

[47] FAN J, YAO Q. Nonlinear time series [M]. New York: Springer, 2003.

[48] FAN J, YAO Q. Nonlinear time series: nonparametric and parametric methods [M].

New York: Springer Science and Business Media, 2008.

[49] ENGLE R F, NG V K. Measuring and testing the impact of news on volatility [J]. The journal of finance, 1993, 48 (5): 1749 – 1778.

[50] FAN J, GIJBELS I. Local polynomial modelling and its applications [M]. London: Chapman and Hall, 1996.

[51] BILLINGSLEY P. Probability and measure [M]. 3rd ed. New York: Wiley, 1995.

[52] YANG L. A semiparametric GARCH model for foreign exchange volatility [J]. Econometrics, 2006, 130 (2): 365 – 384.

[53] CHAI F, LI Y, ZHANG X, et al. Daily semiparametric GARCH model estimation using intraday high-frequency data [J]. Symmetry, 2023, 15 (4): 1 – 15.

[54] YOSHIHARA K. Limiting behavior of U-statistics for stationary, absolutely regular processes [J]. Probability theory & related fields, 1976, 35 (3): 237 – 252.

[55] SILVERMAN B W. Density estimation [M]. London: Chapman & Hall, 1986.

[56] LEE S, SONG J. Test for parameter change in ARMA models with GARCH innovations [J]. Statistics & probability letters, 2008, 78 (13): 1990 – 1998.

[57] BERKES I, HORVATH L, KOKOSZKA P. Testing for parameter constancy in GARCH (p, q) models [J]. Statistics & probability letters, 2004, 70 (4): 263 – 273.

[58] BODNAR O. Application of the generalized likelihood ratio test for detecting changes in the mean of multivariate GARCH processes [J]. Communications in statistics simulation & computation, 2009, 38 (5): 919 – 938.

[59] XIONG Q, HU Z, LI Y. Statistic inference for a single-index ARCH-M model [J]. Communication in statistics—theory and methods, 2018, 47 (1): 102 – 117.

[60] HENZE N, JIMENEZ-GAMERO M D. A new class of tests for multi-normality with i. i. d. and garch data based on the empirical moment generating function [J]. Test, 2019, 28 (2): 499 – 521.

[61] GYAMERAH S A. Modelling the volatility of Bitcoin returns using GARCH models [J]. Quantitative finance and economics, 2019, 3 (4): 739 – 753.

[62] LUO L, PAIROTE S. Chatpatanasiri RGARCH-type forecasting models forest [J]. Communications in statistics — volatility of stock market and MCS simulation and Computation, 2016, 46 (7): 5303 -5312.

[63] LI D, ZHANG X, ZHU K, et al. The ZD-GARCH model: a new way to study heteroscedasticity [J]. Journal of econometrics, 2018, 202 (1): 1 -17.

[64] DENG C, ZHANG X, LI Y, et al. On the test of the volatility proxy model [J]. Communications in statistics—simulation and computation, 2020, 51 (12): 7390 -7403.

[65] RAO C R. Large sample tests of statistical hypotheses concerning several parameters with applications to problems of estimation [J]. Mathematica proceedings of the Cambridge Philosophical Society, 1948, 44 (1): 50 -57.

[66] WALD A. Tests of statistical hypotheses concerning several parameters whenthe number of observations is large [J]. Transactions of the American Mathematical Society, 1943, 54 (3): 426 -482.

[67] WILKS S S. The large-sample distribution of the likelihood ratio for testing composite hypotheses [J]. The annals of mathematical statistics, 1938, 9 (1): 60 -62.

[68] HANNAN E. The asymptotic theory of linear time-series models [J]. Journal of applied probability, 1973, 10 (1): 130 -145.

[69] GODFREY L G. Testing against general autoregressive and moving average error models when the regressorsnclude lagged dependent variables [J]. Econometrica, 1978, 46 (6): 1293 -1301.

[70] BREUSCH T S. Conflict among criteria for testing hypotheses: extensions and comments [J]. Econometrica, 1979, 47 (1): 203 -207.

[71] EVANS G B A, SAVIN N E. Conflict among the criteria revisited: the W, LR and LM tests [J]. Econometrca, 1982, 50 (3): 737 -748.

[72] DENG C, ZHANG X, LI Y, et al. Garch model test using high-frequency data [J]. Mathematics, 2020, 8 (11): 1 -17.

[73] CHEN Y, ZHANG X, DENG C, et al. Portmanteau test for ARCH-type models by using high-frequency data [J]. Axioms, 2024, 13 (3): 141.

[74] BLACK F. Studies of stock market volatility changes [C]. Proceedings of the 1976 Meetings of the American Statistical Association, Business and Economics Statistics Section, 1986: 177 - 181.

[75] PANTULA S G. Modeling the persistence of conditional variances: a comment [J]. Econometric reviews, 1986, 5 (1): 71 - 74.

[76] DING Z, GRANGER C W, ENGLE R F. A long memory property of stock returns and a new model [J]. Journal of empirical finance, 1993, 1 (1): 83 - 106.

[77] DROST F, KLAASSEN C. Efficient estimation in semiparametric GARCH models [J]. Journal of econometrics, 1997, 81 (1): 193 - 221.

[78] BOX G, PIERCE D. Distribution of residual autocorrelations in autoregressive integrated moving average time series models [J]. Journal of the American Statistical Association, 1970, 65 (332): 397 - 402.

[79] GRANGER C, ANDERSEN A P. An introduction to bilinear time series models [J]. International statistical review, 1978, 48 (2): 7 - 94.

[80] MCLEOD A, LI W. Diagnostic checking ARMA time series models using squared-residual autocorrelations [J]. Journal of time series analysis, 1983, 4 (4): 269 - 273.

[81] ENGLE R, BOLLERSLEV T. Modeling the persistence of conditional variances [J]. Econometric reviews, 1986, 5 (1): 1 - 50.

[82] PANTULA S G. Estimation of autoregressive models with ARCH errors [J]. Sankhya, 1988, 50 (1): 119 - 138.

[83] LI W K, MAK T K. On the squared residual autocorrelations in non-linear time series with conditional heteroskedasticity [J]. Journal of time series analysis, 1994, 15 (6): 627 - 636.

[84] PENG L, YAO Q. Least absolute deviations estimation for ARCH and GARCH models [J]. Biometrika, 2003, 90 (4): 967 - 975.

[85] LI G, LI W K. Diagnostic checking for time series models with conditional heteroscedasticity estimated by the least absolute deviation approach [J]. Biometrika, 2005, 92 (3): 691 - 701.

[86] CARBON M, FRANCQ C. Portmanteau goodness-of-fit test for asymmetric power GARCH models [J]. Austrian journal of statistics, 2011, 40 (1): 55-64.

[87] CHEN M, ZHU K. Sign-based portmanteau test for ARCH-type models with heavy-tailed innovations [J]. Journal of econometrics, 2015, 189 (2): 313-320.

[88] LI M, ZHANG Y. Bootstrapping multivariate portmanteau tests for vector autoregressive models with weak assumptions on errors [J]. Computational statistics & data analysis, 2022, 165 (C): 107-321.